UTB **2927**

Eine Arbeitsgemeinschaft der Verlage

Böhlau Verlag · Köln · Weimar · Wien
Verlag Barbara Budrich · Opladen · Farmington Hills
facultas.wuv · Wien
Wilhelm Fink · München
A. Francke Verlag · Tübingen und Basel
Haupt Verlag · Bern · Stuttgart · Wien
Julius Klinkhardt Verlagsbuchhandlung · Bad Heilbrunn
Lucius & Lucius Verlagsgesellschaft · Stuttgart
Mohr Siebeck · Tübingen
C. F. Müller Verlag · Heidelberg
Orell Füssli Verlag · Zürich
Verlag Recht und Wirtschaft · Frankfurt am Main
Ernst Reinhardt Verlag · München · Basel
Ferdinand Schöningh · Paderborn · München · Wien · Zürich
Eugen Ulmer Verlag · Stuttgart
UVK Verlagsgesellschaft · Konstanz
Vandenhoeck & Ruprecht · Göttingen
vdf Hochschulverlag AG an der ETH Zürich

Martha Boeglin

Wissenschaftlich arbeiten
Schritt für Schritt

Gelassen und effektiv studieren

Wilhelm Fink

Die Autorin:
Martha Boeglin. Studium der Philosophie in Strassburg und Berlin. Promotion in Philosophie.
Lehrtätigkeit (Wissenschaftliches Schreiben) und Weiterbildungen für Lehrende (Schreibdidaktik an
der Hochschule) an verschiedenen europäischen Universitäten (Jena, Leipzig, Paris, Barcelona, Novi
Sad u.a.). Leiterin der Schreibwerkstatt Scriptoria (www.scriptoria.org).

Titelbild
Paul Valéry: Manuskript zur Dichtung. La jeune Parcque (1912). Bibliothèque nationale de France.
Auch die Wiedergabe der Abbildungen im Innenteil erfolgt mit freundlicher Genehmigung der Bi-
bliothèque nationale de France.

Bibliografische Information der Deutschen Nationalbibliothek

Die Deutsche Nationalbibliothek verzeichnet diese Publikation in der Deutschen
Nationalbibliografie; detaillierte bibliografische Daten sind im Internet über http://dnb.d-nb.de
abrufbar.

Gedruckt auf umweltfreundlichem, chlorfrei gebleichtem
und alterungsbeständigem Papier ⊗ ISO 9706

© 2007 Wilhelm Fink Verlag, München
(Wilhelm Fink GmbH & Co. Verlags-KG, Jühenplatz 1, D-33098 Paderborn)

www.fink.de

ISBN 987-3-7705-4516-2

Printed in Germany.
Herstellung: Ferdinand Schöningh, Paderborn
Einbandgestaltung: Atelier Reichert, Stuttgart

UTB-Bestellnummer: 978-3-8252-2927-6

Inhaltsverzeichnis

Vorwort

Mit der Bachelor-Master-Reform verlangen die verkürzten Studienzeiten von den Studierenden sowohl effektive Selbstorganisation und gutes Zeitmanagement als auch zielgerichtete Methoden des Lernens, Lesens und Schreibens. Dieses Buch hat zum Ziel, eine konkrete Hilfestellung für die Vorbereitung und Durchführung einer wissenschaftlichen Arbeit anzubieten und richtet sich an Studierende aller Fächer.

Jedes Kapitel beginnt mit einer konkreten Frage, die sich jeder, der an einer Arbeit sitzt, früher oder später stellt. Man kann die Kapitel der Reihe nach lesen oder auch nur das Kapitel oder Unterkapitel, das auf eine bestimmte Schwierigkeit eingeht, die sich während des Schreibens einstellt und eine schnelle Lösung verlangt. Durchgängig tauchen im Buch ‚Arbeitsblätter' auf, die der Leser als Kopiervorlage verwenden und ausfüllen kann. Sie helfen, das jeweilige Schreibproblem zu durchdenken und im Dialog mit sich selbst die beste Lösung zu finden.

Alle im Buch enthaltenen Übungen sind aus der engen Zusammenarbeit mit Studierenden und Doktoranden in meinen Schreibwerkstätten entstanden; alle wurden mit ihnen ausprobiert und dank ihrer Fragen und Anregungen weiter verbessert.

Die Arbeit in den Schreibwerkstätten hat deutlich gezeigt, dass das Gros der Probleme, die sich dem Studierenden stellen, technischer Art ist. In den meisten Fällen reicht es, einfache Methoden Schritt für Schritt anzuwenden, um ohne Zeitverlust gelassen ans Ziel zu gelangen. All diese Methoden sind äußerst einfach und doch ertragreich; leider werden sie selten an der Hochschule gelehrt, da nur wenige Dozenten es für notwendig halten, sie zu unterrichten.

Zu den rein handwerklichen Aspekten treten jedoch ins Psychologische spielende Fragen der Lernorganisation, der Gestaltung des Arbeitsumfeldes und anderes, was neben den rein intellektuellen Aspekten des Studiums beachtet werden muss. Auch diese Sachverhalte habe ich bei der Darstellung berücksichtigt.

Ich hoffe sehr, dass dieses Buch dem Leser helfen wird, im Labyrinth der Wissenschaft zurecht zu kommen. Ich wünsche Ihnen, liebe Leserin, lieber Leser, viel Erfolg in Ihrem Studium.

Wie funktioniert unser Gehirn?

Unser Gehirn besteht, wie jeder weiß, aus einer linken und einer rechten Hirnhälfte. Jede dieser Hälften hat besondere und unterschiedliche Funktionen, die
sich gegenseitig ergänzen. Die meisten von uns benutzen vorwiegend nur die eine
oder die andere Hälfte. Welches sind also die jeweiligen Funktionen der beiden
Hirnhälften? Sie lassen sich – sehr schematisch – wie folgt charakterisieren:

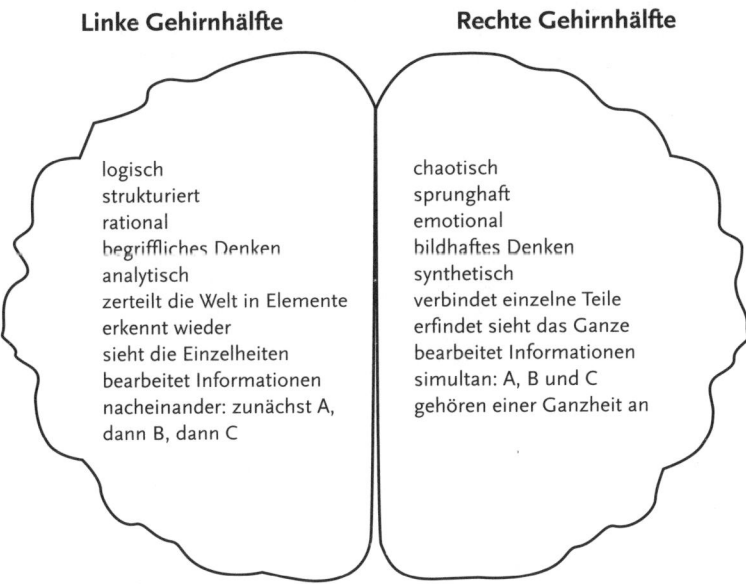

Das Zwei-Hirnhälften-Modell

Beim Studium müssen Sie unterschiedliche Strategien anwenden können. Sie
müssen eine Information analysieren aber auch Synthesen herstellen; Sie müssen einen Blick fürs Detail haben, ohne jedoch das Ganze aus den Augen zu
verlieren. Sie müssen die Information zerlegen und jedes Teil bearbeiten, aber
auch eine Information in ihrer Ganzheit bearbeiten. Sie müssen, kurz gesagt,
das ganze Gehirn gleichmäßig nutzen. Darum: Wechseln Sie die Lernkanäle und
mobilisieren Sie all Ihre Sinne. Menschen, deren linke Hirnhälfte dominiert,
lernen vorwiegend über Wörter. Ist das bei Ihnen der Fall, verankern Sie den
Lernstoff auch durch auditive Wiederholungen oder durch Schemata und Grafiken (Sie werden eine Reihe im 2. und 3. Kapitel finden). Ist die rechte Hirnhälfte
bei Ihnen dominant, so haben Sie zwar viel Fantasie, aber das Strukturieren Ihrer
Gedanken fällt Ihnen manchmal schwer. Nehmen Sie sich Zeit, um Ihr Thema

sorgfältig zu analysieren und gehen Sie nach den in diesem Buch ausgeführten Methoden behutsam Schritt für Schritt vor.

Wenn Sie lernen, Ihre beide Hirnhälften zu mobilisieren, verbessern Sie sowohl das Lernen als auch das Verstehen. Sie entfalten dabei Ihre ganzen intellektuellen Fähigkeiten. Genau darauf zielen die in diesem Buch vorgestellten Methoden ab.

Neben dem Zwei-Hirnhälften-Modell findet man noch andere, darunter das sog. Drei-Ebenen Modell. Das menschliche Gehirn hat eine lange Entwicklung hinter sich, die an den Teilen, aus denen sich das Gehirn zusammensetzt, noch deutlich erkennbar ist: In der Mitte befindet sich das Stammhirn. Es hat die Größe eines kleinen Apfels und ist dem Hirn der Reptilien ähnlich, weswegen es auch Reptilienhirn genannt wird. Es ist die Steuerzentrale für primäre Grundfunktionen. Mit der Evolution der Säugetiere entstand ein weiterer Gehirnteil: das Zwischenhirn oder Säugetiergehirn. Es ermöglichte erstmals in der Entwicklungsgeschichte das, was wir gemeinhin als Gefühle bezeichnen. Reptilien dagegen verfügen nicht über Gefühle, die über primitive Reaktionen wie Schmerz hinausgehen. Der nächste Schritt in der Entwicklungsgeschichte war die Entstehung des Großhirns. Es sitzt über den beiden anderen Gehirnteilen und ist deutlich größer als diese. Nicht nur der Mensch besitzt es, aber nur bei ihm hat sich dieser Gehirnteil so komplex entwickelt: Das Großhirn ist der Teil des Gehirns, mit dem wir denken.

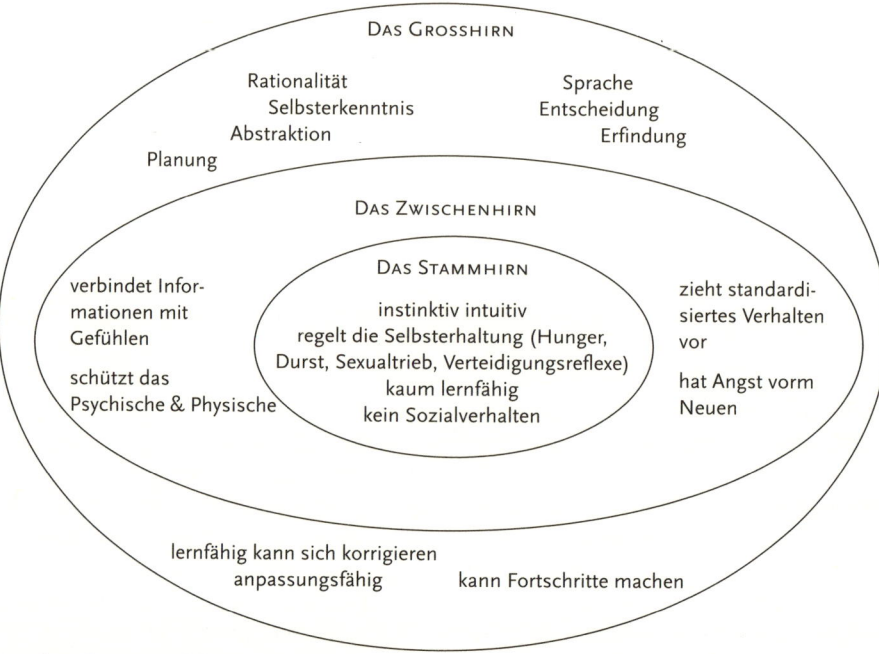

Das drei Ebenen-Modell

Was kann man aus diesem Wissen um die Struktur des Gehirns folgern, wenn es ums wissenschaftliche Arbeiten geht? Das Zwischenhirn fürchtet das Unbekannte. Es braucht Orientierungspunkte. Erstellen Sie deswegen ein genaues Arbeitsprogramm mit präzisen Fristsetzungen. Das wird Ihnen ein Gefühl von Ruhe und Sicherheit geben. Gehen Sie immer Schritt für Schritt vor. Wenn Sie ein neues Thema angehen, so suchen Sie immer nach dem bereits Bekannten, fragen Sie sich, was Sie mit dem Thema persönlich verbindet. Wenn Sie ein neues Thema angehen, machen Sie zunächst eine Wissensbestandsaufnahme: Sie werden feststellen, dass Sie doch schon viel mehr über das Thema wissen, als vermutet. Das wird das Zwischenhirn beruhigen.

Es ist auch zu beachten, dass das Zwischenhirn jede neue Information mit einem Gefühl verbindet. Ist das Gefühl ein angenehmes, so wird die Information zum Großhirn weitergeleitet. Ist es ein unangenehmes, so wehrt sich das Zwischenhirn. Es kann sich sogar weigern, die Information weiterzuleiten. Ist die Information mit keinem besonderen Gefühl verbunden, so lässt es sie durchkommen; aber das Großhirn wird dabei nicht unbedingt mobilisiert. Deswegen: Verbinden Sie das Lernen mit angenehmen Gefühlen, feiern Sie Erfolge und erreichte Ziele.

Teil I Sich organisieren

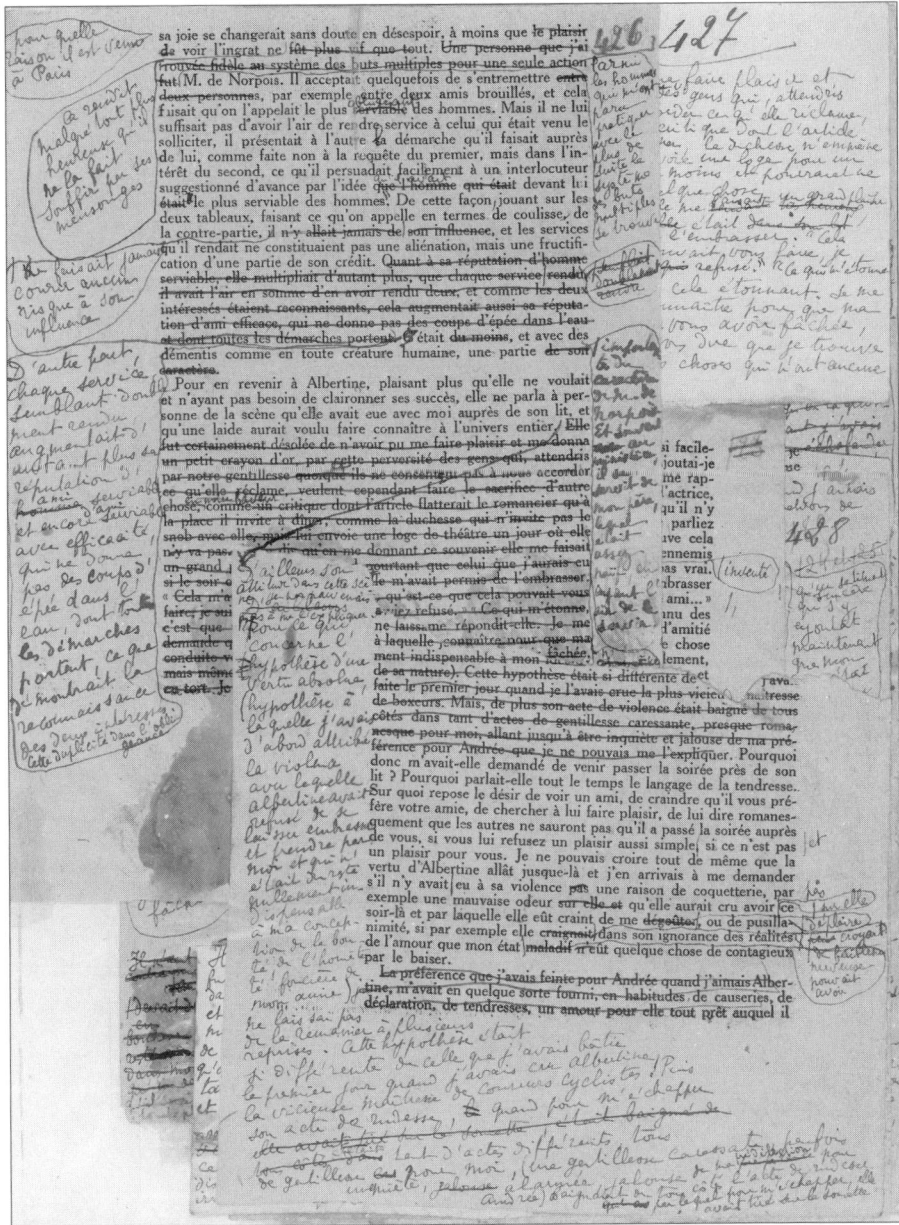

Marcel Proust (1871-1922): Korrekturseite für „A l'ombre des jeunes filles en fleurs", ca. 1918.

(Bibliothèque nationale de France, Paris)

Studieren verlangt eine gute Organisation, und zwar so früh wie möglich. Sonst kann es schnell passieren, dass wir uns überfordert fühlen und Stress empfinden; die Zeit wird immer knapper, die Aufgaben werden immer dringlicher, sogar der Raum wird eng: Die Texte, die wir lesen müssen, häufen sich, wir finden nichts mehr in diesem Wirrwarr und verbringen unsere kostbare Zeit mit Suchen. Und wir geraten in Panik, verlieren den Kopf, Gefühle und Gedanken vermischen sich, und wir sehen uns einem inneren Chaos ausgeliefert...

Wie können Sie Ihre Organisation optimieren? Es gibt natürlich keine Patentlösung, aber Anregungen, mit denen jeder für sich herausfinden kann, was ihm am besten entspricht.

Kapitel 1: Raumgestaltung

Wie arbeiten Sie? Viele Menschen sitzen gerne an einem Tisch, während andere lieber liegen; manche wiederum gehen beim Lernen auf und ab. Einige brauchen einen Talisman, andere Bücher und Blätter um sich herum. Was für den einen die ideale Arbeitsatmosphäre darstellt, kann für den anderen bedrückend sein. Und Sie, was brauchen Sie? Wie lernen Sie am besten?

Welcher Lerntyp bin ich?

Sage es mir, und ich vergesse es; zeige es mir,
und ich erinnere mich; lass es mich tun, und
ich behalte es.
Konfuzius

Nicht alle lernen auf die gleiche Weise: Manche haben ein visuelles, andere ein akustisches oder ein kinästhetisches Gedächtnis (von Griechisch: *kinesis*, Bewegung und *aisthesis*, fühlen – man erinnert sich durch Gesten). Zwar besitzt jeder von uns alle drei Gedächtnisformen, aber oft dominiert eine bestimmte – oder unterschiedliche Sinne werden kombiniert.

Um effektiv zu lernen, ist es sinnvoll, Ihren eigenen Lernstil zu kennen – und den Arbeitsraum entsprechend zu gestalten. Zu welchem Lerntyp gehören Sie?

Der visuelle Lerntyp

Zum Lernen braucht er Texte zum Lesen, Grafiken zum Anschauen, Bilder und Illustrationen, um Sachverhalte zu erfassen. Der visuell orientierte Mensch neigt zum schnellen und unpräzisen Sprechen: Sein Gehirn visualisiert alles schneller, als er es ausdrücken kann. Infolgedessen sucht er nach Wörtern, obwohl er genau weiß, was er sagen will.

Seine Schwächen:	Seine Stärken:
– kann sich im Unterricht oder bei Vorträgen nicht lange konzentrieren	– verfügt über einen guten schriftlichen Ausdruck
– hat Schwierigkeiten beim Umgang mit nicht geschriebenen Informationen	– ist wenig empfindlich gegenüber Geräuschen am Arbeitsplatz
– ist auf eine gute Gesamtübersicht über ein Thema angewiesen	– ist ein Organisationstalent

Wenn Sie ein visuell orientierter Lerntyp sind:

– Machen Sie sich schriftliche Notizen wenn Sie Informationen hören!
– Zeichnen Sie Diagramme, Grafiken, Schemata, verwenden Sie Farben!
– Übersetzen Sie Informationen in Bilder!
– „Fotografieren" Sie die Wörter, die Zahlen und die Zeichnungen, und lassen Sie bei Bedarf diese Bilder vor Ihrem inneren Auge ablaufen!

Der auditive Typ

Lernen fällt ihm leichter, wenn er den Lernstoff hören kann, z.B. auf Textaufnahmen, indem er sich selbst den Text laut vorliest oder einem anderen dabei zuhört. Er spricht mit gemäßigter Geschwindigkeit. Oft ist er sprachgewandt. Beim Lesen bewegt er oft die Lippen und wiederholt laut das Gelesene. Er denkt laut und führt oft Selbstgespräche.

Seine Schwächen:	Seine Stärken:
– hat Schwierigkeiten beim Schreiben	– ist ein aktiver Diskussionsteilnehmer

– lässt sich durch Geräusche leicht zerstreuen	– kann mündliche Informationen gut verstehen und memorieren
– braucht mündliche Erklärungen für schriftliche Informationen.	– ist ein wunderbarer Zuhörer und Ansprechpartner.

Wenn Sie ein auditiv orientierter Lerntyp sind:

– Lesen Sie Texte laut vor, erklären oder fassen Sie diese mündlich zusammen!
– Sprechen und wiederholen Sie innerlich die Worte oder die Zahlen, die Sie sich merken wollen!
– Nehmen Sie den Lernstoff auf und hören Sie ihn sich an!
– Erklären Sie sich Grafiken, Schemata oder Diagramme mündlich!
– Vermeiden Sie Geräusche bei der Arbeit!

Der kinästhetische Lerntyp

Er hat einen körperlichen Bezug zur Umwelt. Er lernt am besten, indem er selbst etwas tut – z.B. durch Ausprobieren, Rollenspiele, Übungspräsentationen oder Gruppenaktivitäten. Er mag den physischen Kontakt, kommuniziert mit Gesten, und bewegt sich gern. Er spricht langsam und bedacht. Beim Lesen benutzt er oft den Finger, um den Zeilen zu folgen.

Seine Schwächen:	Seine Stärken:
– neigt zum Aktionismus	– zieht dem Wort die Tat vor
– beschäftigt sich oft länger als notwendig mit einem Problem	– lernt schnell durch die Praxis
– läuft Gefahr, sich auf unbekanntem Terrain zu verlieren – sowohl psychologisch als auch physisch	– kann seine eigenen Fähigkeiten und Unfähigkeiten gut einschätzen, sowohl psychologisch als auch physisch

Wenn Sie ein kinästhetisch orientierter Lerntyp sind:

– Bereiten Sie sich auf neue Situationen mental vor: Stellen Sie sich mögliche Szenarien vor!
– Kommentieren Sie Textpassagen am Seitenrand!
– Lassen Sie sich zeigen, wie man vorgehen soll!
– Vermeiden Sie das Sitzen, wenn Sie lernen!

Der Lerntyp ist dennoch nicht immer eindeutig festzulegen. Viele kombinieren die verschiedenen Sinne und lernen z.B. besser, wenn Sie Bilder und Töne verbinden.

Welche Arbeitsatmosphäre brauche ich?

Ich habe eine Netzkarte für die Schweiz, das ist relativ billig. Dadurch habe ich ein ganz billiges Arbeitszimmer. Ich muss sitzen bleiben; ich kann nicht immer aufstehen und auf und ab oder in die nächste Kneipe gehen.
Peter Bichsel

Um eine günstige Arbeitsatmosphäre zu gestalten, muss jeder für sich klären, welche für ihn passt: Nicht alle arbeiten auf die gleiche Art und Weise. Manche brauchen Stille, andere dagegen Hintergrundmusik oder Geräusche. Wie arbeiten Sie am effektivsten?

Beim Lesen

▶ Sind Sie gleich konzentriert oder brauchen Sie eine Aufwärmzeit bevor Sie beginnen können? Was fördert Ihre Konzentration? Ein Spaziergang, eine kalte Dusche, einige Zeilen zu schreiben?
▶ Zu welcher Tageszeit können Sie sich am besten konzentrieren? Morgens, nachmittags, abends, nachts?
▶ Welche Umgebung brauchen Sie, zum Lernen: Ihr Zimmer, eine Bibliothek, ein Café, einen Park?
▶ Welche Atmosphäre brauchen Sie: Musik, Geräusche, Stille, Kerzenlicht?
▶ In welcher Stellung sind Sie konzentrierter: im Sitzen, Liegen oder Stehen?
▶ Wie merken Sie sich am besten den Inhalt eines Textes? Wenn Sie sich Notizen machen, Bilder zeichnen oder wenn Sie darüber reden?

Beim Schreiben

▶ Können Sie sofort beginnen zu schreiben oder brauchen Sie erst eine Aufwärmzeit, ehe Sie sich konzentrieren können?
▶ Zu welcher Tageszeit können Sie am besten schreiben? Morgens, nachmittags, abends, nachts?
▶ Welche Umgebung ist für Sie die förderlichste: Ihr Zimmer, die Bibliothek, ein Café?
▶ Welche Arbeitsatmosphäre brauchen Sie: Stille, Einsamkeit, Musik?

▶ Wann sind Sie am produktivsten: unter Druck, ohne Druck?
▶ Welches Werkzeug ziehen Sie vor: Stift, Schreibmaschine, Computer? Oder sprechen Sie gern zuerst mit jemandem oder auf das Diktiergerät?

Versuchen Sie, mit Hilfe Ihrer Antworten eine für Sie persönlich geeignete Arbeitsatmosphäre zu gestalten. Listen Sie die Gegenstände auf, die Sie unbedingt zum Arbeiten brauchen und stellen Sie diese bereit. Achten Sie besonders darauf, eine gute Beleuchtung zu haben. Versuchen Sie, Ihr Arbeitszimmer so angenehm und konzentrationsfördernd wie möglich zu gestalten.

TIPP

Lernen Sie gerne mit Musik?

Der bulgarische Arzt Georgi Lozanov hat in den 60er Jahren Lernbedingungen erforscht. Er hat unter anderem festgestellt, dass das Lernen bei Entspannung und einem Puls von etwa 60 Schlägen pro Minute am effektivsten war. Da Musik unseren Herzrhythmus beeinflusst, hat er eine Methode entwickelt, die Lernen mit Musik verbindet: Man hört dabei eine bestimmte Art von Musik, die den optimalen Herzschlag unterstützt – besonders geeignet ist Barock-Musik, u.a. Largo-Sätze von Bach, Vivaldi, Corelli und Händel.
Wenn Sie modernere Rhythmen vorziehen, versuchen Sie herauszufinden, welche Art von Musik Sie beim Lernen unterstützt. Experimentieren Sie, beobachten Sie sich selbst. Achten Sie jedoch darauf, dass die Musik nur leise als Hintergrund läuft – sonst lenkt sie wieder ab.

Einrichtung des Arbeitsraums

Da Schreiben einer Entbindung ähnelt,
schreibe ich immer im Liegen.
Luis González

Zwar ist eine angenehme Einrichtung des Arbeitszimmers keine zwingende Voraussetzung für erfolgreiches Lernen – aber eine schlechte Einrichtung kann durchaus hinderlich sein. Betrachten Sie Ihr Arbeitszimmer:

▶ Ist es gut genug beleuchtet?
▶ Ist der Raum gut belüftet?
▶ Verfügen Sie über einen eigenen Arbeitsplatz?

▶ Hat jeder Gegenstand und jedes Buch einen bestimmten, eigenen Platz im Raum?

▶ Haben Sie alles, was Sie brauchen, griffbereit?

▶ Finden Sie sofort alles, was Sie suchen?

▶ Gibt es Dinge, die Sie ablenken oder Ihre Konzentration schwächen? Können Sie diese beseitigen oder vermeiden? Wenn ja, wie?

▶ Gibt es Lärmquellen, die Sie stören? Können Sie diese beseitigen oder vermeiden? Wenn ja, wie?

▶ Was gefällt Ihnen nicht, was stört Sie?

▶ Was müssen Sie unbedingt verändern?

▶ Was können Sie schnell verändern?

Schreiben Sie die notwendigen Veränderungen auf; erstellen Sie eine Prioritätenliste – und machen Sie sich an die Arbeit.

PRAXIS

Atmen macht klug

Unser Gehirn macht zwar nur 2 Prozent unseres Körpergewichts aus, beansprucht aber 40 Prozent des von uns eingeatmeten Sauerstoffs. Deshalb:

▶ Lüften Sie regelmäßig Ihren Arbeitsraum, z.B. während der Pausen.

▶ Vermeiden Sie das bloße Sitzen beim Lernen. Stehend atmen wir tiefer – und das fördert die intellektuelle Leistungsfähigkeit.

▶ Bewegen Sie sich, machen Sie Sport oder gehen Sie spazieren, um die Blutzirkulation zu aktivieren und die Sauerstoffzufuhr zu verbessern.

▶ Ersetzen Sie Kaffeepausen durch Erholung an der frischen Luft.

▶ Bedenken Sie, dass Tabak und Kaffee die Gefäße verengen: Es fließt weniger Blut zum Gehirn – und damit weniger Sauerstoff!

Mit dem Computer arbeiten

Der Computer rechnet mit allem – nur nicht mit seinem Besitzer.
Dieter Hildebrandt

Der Computer nimmt immer mehr Raum in unserem Leben ein, sowohl bei der Arbeit als auch in der Freizeit. Um Schulter- und Nackenverspannungen, Rückenprobleme, Kopfschmerzen oder Schwierigkeiten mit den Augen vorzubeugen, ist der richtige Umgang mit dem PC wichtig. Was ist zu beachten?

Der Bildschirm

▶ Er muss vor Ihnen stehen. Steht er aus Platzmangel neben Ihnen, besorgen Sie sich einen Drehstuhl, so dass Sie ihm immer direkt gegenüber sitzen können. Andernfalls werden Sie früher oder später starke Nackenschmerzen bekommen.

▶ Vermeiden Sie Blendungen: Stellen Sie den Bildschirm nicht im Gegenlicht auf, denn der Lichtkontrast ermüdet die Augen.

▶ Der Abstand zwischen Ihren Augen und dem Monitor sollte 50 bis 70 cm betragen.

▶ Machen Sie regelmäßige Bildschirmpausen: Die Arbeit am PC ist für die Augen eine Belastung.

▶ Wenn Sie Platz für andere Tätigkeiten brauchen sollte der Bildschirm auf einer Ecke des Tisches stehen. Die ideale Lösung ist ein Ecktisch oder 2 nebeneinander gestellte Tische und ein Drehstuhl, damit Sie den ganzen Körper in die Richtung des Monitors drehen können.

PRAXIS

Augenentspannungsübungen

Vermeiden Sie lange Sitzungen am Computer. Unterbrechen Sie die Arbeit etwa alle 20 Minuten und schließen Sie die Augen oder machen Sie einige Entspannungsübungen.

▶ In die Ferne sehen. Blicken Sie am besten in den Himmel oder suchen Sie einen Punkt, der mindestens 6 Meter entfernt liegt. Stellen Sie Ihre Augen etwa eine Minute lang auf unendlich ein. Schließen Sie sie anschließend kurz. Streuen Sie diese Übung immer wieder in den Tagesablauf ein.

▶ Palminieren. Reiben Sie sich die Hände, bis sie warm werden. Halten Sie die Augen geöffnet und bedecken Sie sie sanft mit gewölbten Handflächen, so dass kein Licht durch die Finger kommt. Achten Sie darauf, nicht auf die Augäpfel zu drücken. Die Dunkelheit und die Wärme sind für die Augen wohltuend. Nach zwei bis drei Minuten, entfernen Sie langsam die Hände. Das Auftauchen des Lichts darf nicht als Blendung empfunden werden.

Die Tastatur

▶ Ihre Neigung soll möglichst gering sein: Wenn die Hände durch eine schräg gestellte Tastatur zu stark abgewinkelt sind, werden die Blutbahnen verengt und die Sehnen und Nerven eingeengt, was zu starken Schmerzen führen kann.

▶ Die Tastatur darf nicht rutschen, sie muss standfest sein.
▶ Sorgen Sie für eine ausreichende Handauflagefläche vor der Tastatur, also mindestens 10 cm.
▶ Für die Tastatur ist ein normaler Tisch zu hoch. Ideal ist ein unter der Tischplatte fixiertes zusätzliches Brett, das bei Bedarf herausgezogen werden kann.
▶ Wenn Sie mit zehn Fingern tippen, wird die Belastung gleichzeitig auf alle Finger verteilt.

PRAXIS

Entspannungsübungen

Wenn Sie lange schreiben müssen, sollten Sie die Belastung verringern und etwa alle 20 Minuten eine kurze Pause machen. Sie können sie nutzen, um sich zu bewegen oder einige Körperteile zu entspannen:

▶ Nackenmuskeln: Bewegen Sie den Kopf langsam von einer Seite zu anderen: Diese Übung fördert auch die Durchblutung und ist für die Augen wohltuend.
▶ Nacken- und Schultermuskeln: Ziehen Sie die Schultern hoch und machen Sie einige Drehbewegungen nach hinten und nach vorn.
▶ Vorderarme und Handgelenke: Strecken Sie die Arme nach vorn und bewegen Sie die Hände mehrmals auf- und abwärts.

Welches ist der schmutzigste Gegenstand in der Wohnung? Ein vom *Hamburger Institut für Hygiene und Umwelt* durchgeführter Test zeigte, dass dies die Tastatur ist: Dort findet man alles, was der Mensch auf der Hautflora trägt, alle möglichen Arten von Bakterien (Staphylokokken, Mikrokokken u.a.) eingeschlossen. Experten raten, die Tastatur mit normalen, möglichst umweltschonenden Reinigungsmitteln abzuwischen. Dies reicht, um Bakterien zu entfernen. Verwenden Sie keinesfalls Desinfektionsmittel, denn diese zerstören die Hautflora und erzeugen bei ständigem Einsatz resistente Keime.

Sitze ich richtig?

*Wer keine Zeit für seine Gesundheit hat, wird
Zeit für seine Krankheit haben müssen.*
Englische Volksweisheit

Der Rücken ist für ein andauerndes Sitzen nicht geeignet, denn die Skelettmuskulatur muss dabei ständig Haltearbeit verrichten. Außerdem lässt Bewegungslosigkeit die Muskulatur erschlaffen. Mögliche Folgen ständigen Sitzens sind daher:

► Rückenschmerzen aufgrund des entstehenden Drucks auf die Lenden- und Halswirbelsäule oder Verspannungen der Rücken- und der Schultermuskeln.
► Schmerzende Beine durch den Druck auf den Ischias.
► Geringe Hirndurchblutung, verminderte Herzleistung und Verdauungsbeschwerden: Wenn man nach vorn gebeugt sitzt, werden Verdauungsorgane, Herz und Lunge komprimiert; Atmung und Blutkreislauf werden beeinträchtigt, so dass letztendlich weniger Blut zum Gehirn fließt – die Konzentration sinkt und Ermüdungserscheinungen treten auf.

Darum:
► Wenn Sie lange sitzen, brauchen Sie unbedingt einen guten Stuhl und einen guten Tisch. Dieser muss die für Sie richtige Höhe haben.
► Nutzen Sie die ganze Sitzfläche Ihres Stuhls aus. Die Rückenlehne soll den Rücken im unteren und mittleren Bereich abstützen.
► Arm und Unterarm müssen einen rechten Winkel bilden. Wenn nötig, erhöhen Sie den Sitz.
► Ober- und Unterschenkel müssen ebenfalls einen rechen Winkel bilden. Vermeiden Sie es, die Beine zu überkreuzen.
► Falls Ihr Stuhl zu hoch ist, verwenden Sie eine Fußstütze (ein Kissen, ein dickes Buch o.a.).

TIPP

Wechseln Sie die Körperhaltung.

► Vermeiden Sie lange Phasen in ausschließlich sitzender Haltung. Variieren Sie: Vielleicht können Sie beim Lernen eine Zeit lang gehen, oder das Nachdenken über einen Text für einen Spaziergang nutzen.

▶ Machen Sie in den Pausen einige Gymnastik- oder Entspannungsübungen, stehen Sie auf, strecken Sie sich, atmen Sie tief.
▶ Und außerdem: Bewegen Sie sich, machen Sie Sport, um die durch andauerndes Sitzen verkürzten Bänder zu dehnen und verspannte Muskeln in Bewegung zu bringen.

Klarer Raum für klare Gedanken: Ordnung schaffen

Die Seele jeder Ordnung ist ein großer
Papierkorb.
Kurt Tucholsky

Wie sieht Ihr Arbeitszimmer aus? Ist es aufgeräumt, finden Sie sofort alles, was Sie brauchen? Oder müssen Sie erst in Papierhaufen herumwühlen? Enthalten Ihre Schubladen ausschließlich die Gegenstände, die dort hingehören, oder herrscht da ein grosses Durcheinander?

Manche Menschen neigen dazu, wichtige Schriftstücke auf ihrem Schreibtisch zu stapeln, um sie nicht zu vergessen. Sie verschwinden aber bald unter einem Berg diverser Gegenstände. Man sieht sie nicht mehr und irgendwann werden sie doch vergessen – oder man wirft sie bei einer verzweifelten Aufräumaktion einfach weg.

Kommt Ihnen diese Situation bekannt vor? Wenn ja, sollten Sie es mal mit einer systematischen Aufräumaktion versuchen. Die Methode wurde von dem Organisationsmanagement-Experten Jeffrey J. Mayer entwickelt.

PRAXIS

Aufräumaktion

Für die Durchführung der Aufräumaktion benötigen Sie:
▶ Einen Papierkorb, einen Karton, ein Heft und einen Stift.
▶ Eine Stunde Zeit.

Worauf müssen Sie achten?
▶ Notieren Sie in Ihrem Kalender ein genaues Datum und eine Uhrzeit – und halten Sie sich daran: Sie haben einen Termin mit sich selbst ausgemacht.

▶ Beschränken Sie das Aufräumen auf eine Stunde. Sie werden staunen, wie diese Zeitbegrenzung die konzentrierte und effiziente Arbeit fördert.

▶ Während dieser Stunde lassen Sie sich von nichts stören.

▶ Machen Sie nach einer Stunde Schluss. Wenn Sie nicht fertig geworden sind, geben Sie sich einen neuen Termin.

Die Aufräumaktion besteht aus vier Schritten.

1. *Nehmen Sie ein Schriftstück von Ihrem Tisch.* Fragen Sie sich:

▶ Was ist das?

▶ Warum liegt es da?

▶ Kann ich es gebrauchen? Wenn ja, wofür und wann?

▶ Was mache ich damit?

2. *Finden Sie eine Antwort auf die letzte Frage?* Dann ordnen Sie das Schriftstück an der entsprechenden Stelle ein – Ordner, Regal u.a. Wenn Sie dagegen keine Antwort auf die letzte Frage finden, dann werfen Sie das Schriftstück weg – oder schenken Sie es jemandem, dem es nützlich sein kann; in diesem Fall legen Sie es in den Karton.

3. *Entspricht dieses Schriftstück einer Aufgabe?* Dann notieren Sie diese in Ihrem Heft.

4. *Was machen Sie nun mit dem Heft?* Dort haben Sie Aufgaben notiert, die Sie sich vornehmen wollen. Versehen Sie diese mit einem Datum. Tragen Sie in Ihren Kalender ein, was Sie wann erledigen wollen. Fragen Sie sich dabei:

▶ Wann muss diese Tätigkeit erledigt sein?

▶ Wie lange brauche ich dafür?

Gehen Sie so bei jedem Gegenstand vor – bis die Tischfläche leer ist. Dann können Sie sich auf die gleiche Weise Ihre Schubladen vornehmen. Wenn diese Aufräumaktion beendet ist, haben Sie einen geordneten Schreibtisch, fühlen sich erleichtert und setzen sich gerne wieder an Ihre Arbeit.

Kapitel 2: Zeitorganisation

Oft ist uns kaum bewusst, welche über den Tag verstreuten Aktivitäten es sind, die unsere Zeit fressen, und für das wirklich Wichtige wenig übrig lassen. Daher ist die erste Voraussetzung eines guten Zeitmanagements, sich darüber klar zu werden, wie man seine Zeit verwendet. Es ist nutzlos, einen Arbeitsplan zu entwerfen, wenn man sich nicht über all die kleinen Gewohnheiten klar ist, die Zeit verschlingen, während der wir eigentlich etwas anderes tun sollten. Es hat keinen Sinn, eine Agenda aufzustellen, die man unmöglich einhalten kann. Aber wie können Sie ein realistisches Arbeitspensum festlegen und tatsächlich bewältigen?

Die biologische Uhr

Ich bin ein Morgenmensch und fange sehr früh an. Ich kann mich nur für zwei, drei Stunden morgens überhaupt zum Arbeiten bringen, weil mein Tonus schnell absinkt und ich für den Rest des Tages wie eine müde Fliege herumkrieche.

Elfriede Jelinek

Manche Menschen stehen früh auf, andere sind nachts in Form, andere erleben ein Leistungsloch in der Mittagszeit. Jeder von uns hat eine biologische Uhr. Allerdings können wir unserem eigenen Rhythmus nicht immer folgen und müssen uns den sozialen Gegebenheiten anpassen. Versuchen Sie jedoch, beim Erstellen Ihres Arbeitskalenders Ihren persönlichen Rhythmus nach Möglichkeit zu berücksichtigen: Im Laufe des Tages verändern sich Konzentration und Leistungsfähigkeit. Wenn Sie während eines Konzentrationslochs etwas Schwieriges lernen wollen, werden Sie viel Energie für ein geringes Ergebnis aufwenden.

Nutzen Sie Ihre Hochformphasen, um wichtige oder schwierige Aufgaben zu erledigen, und versuchen Sie, so weit wie möglich, Verabredungen, Telefongespräche oder andere Störfaktoren in diesen Zeiten wegzulassen. Nehmen Sie sich diese Zeit für sich selbst und Ihr Studium; Sie werden dann Ihre Arbeit mit weniger Kraftaufwand und in kürzerer Zeit erledigen.

„Zeit verschwenden heißt sich selbst berauben."

▶ Erstellen Sie Ihren Arbeitsplan nach Ihren Konzentrationskurven.
▶ Fragen Sie sich *An welchen Tageszeiten bin ich am leistungsfähigsten?* und bestimmen Sie diese Momente für die wichtigsten Aufgaben.
▶ Planen Sie die „Lochzeiten" für leichte Aufgaben, fürs Aufräumen oder zum Entspannen ein.
▶ Arbeiten Sie so weit wie möglich jeden Tag zur gleichen Uhrzeit, denn Regelmäßigkeit unterstützt die Konzentration.

Wie verbringe ich meine Zeit?

Es ist nicht zu wenig Zeit, die wir haben,
sondern es ist zuviel Zeit, die wir nicht
nutzen.
Lucius Annaeus Seneca

Wenn Sie Ihre Zeit effizient organisieren wollen, müssen Sie zunächst wissen, wie sie vergeht: Was machen Sie den ganzen Tag, wie viel Zeit verbringen Sie mit was? Um darüber Klarheit zu gewinnen, können Sie ein Tortendiagramm erstellen. Unterteilen Sie es in Segmente entsprechend der Zeit, die die verschiedenen Tätigkeiten des Tages beanspruchen, wie z.B.:

▶ Studium
▶ Lebensunterhalt
▶ Familie, Freunde
▶ Freizeit
▶ Fortbewegung/Transport
▶ Einkaufen
▶ Ernährung (kochen, essen)
▶ Körperpflege (einschließlich Schlaf)

Die Zeitverteilung eines Studenten könnte zum Beispiel so aussehen:

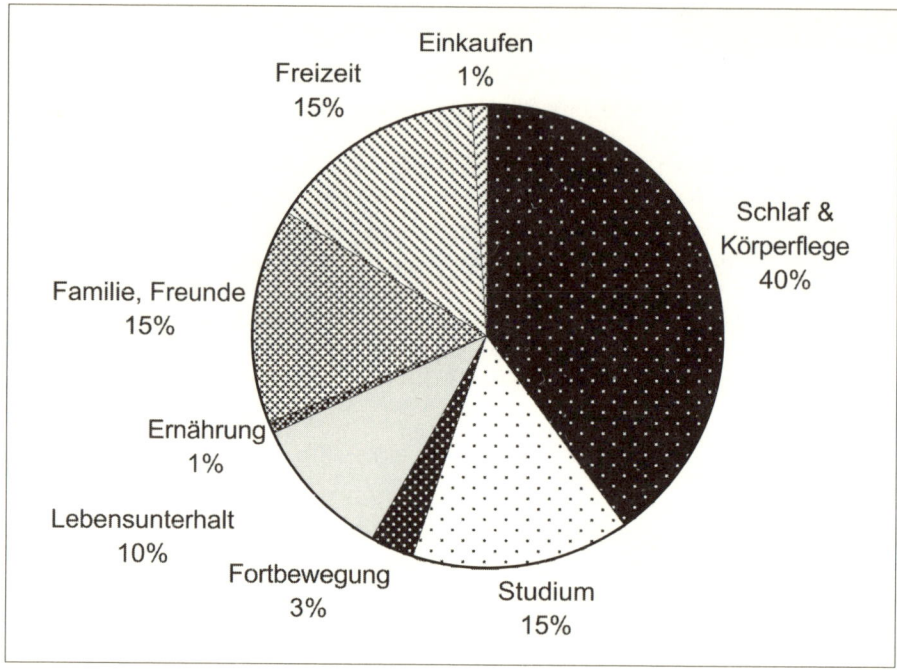

Wenn Sie Ihr Tortendiagramm erstellt haben, können Sie folgende Fragen auf einem Fragebogen beantworten (siehe S. 31):

Vorsicht. Auch hier müssen die Veränderungen realistisch und realisierbar bleiben: Sie werden nicht leistungsfähiger werden, wenn Sie Ihren Acht-Stunden-Schlaf auf vier Stunden reduzieren. Dagegen können Sie vielleicht durch weniger Telefonate, Fernsehsitzungen oder Computerspiele etwas Zeit gewinnen.

Was sind meine Zeitfresser?

Es gibt Diebe, die nicht bestraft werden und dem
Menschen doch das Kostbarste stehlen: die Zeit.
Napoleon Bonaparte

Zeitfresser sind schlechte Gewohnheiten und nutzlosen Tätigkeiten, die uns von der Arbeit ablenken, und die unbedingt erkannt und bekämpft werden müssen. Hier finden Sie eine Liste von möglichen Zeitfressern, die Sie vielleicht ergänzen können:

▸ Schlechtes Ordnungssystem
▸ Zerstreuung, Lärm

ARBEITSBLATT: **Wie verbringe ich meine Zeit?**

In welchen Bereichen verschwende ich zu viel Zeit?	
Für welche Tätigkeiten hätte ich gerne mehr Zeit?	
Was kann ich auf keinen Fall verändern?	
Kann ich die Zeit anders verteilen, kann ich Veränderungen vornehmen? Wo?	
Wann werde ich was verändern?	

► Fehlende Motivation
► Fehlende Selbstdisziplin
► Perfektionismus
► Ungeduld, Hast
► Unentschlossenheit
► Alle Fakten wissen wollen
► Telefonieren, quatschen
► Computerspiele usw.

Es ist nicht möglich, alle Zeitfresser auf einmal zu beseitigen. Suchen Sie zunächst nach den drei Störfaktoren, die Sie am ehesten, am leichtesten oder am dringendsten bekämpfen wollen und notieren Sie diese in einen Fragenbogen wie den folgenden (siehe S. 33).

Erst nachdem Sie diese drei Zeitfresser erfolgreich beseitigt haben, können Sie sich die drei nächsten vornehmen.

TRICK

Setzen Sie sich Fristen!

Wenn Sie z.B. einen festen Abgabetermin haben, spielen die Zeitfresser eine viel geringere Rolle: Plötzlich wird die Aufmerksamkeit auf die Arbeit gelenkt. Also: Schätzen Sie realistisch ein, wie viel Zeit Sie für eine bestimmte Aufgabe benötigen, legen Sie diese Zeit in Ihrem Arbeitskalender fest – und halten Sie sich daran.

Wie bekämpfe ich meine „Verschiebitis"?

Zukunft: die Ausrede all jener, die in der
Gegenwart nichts tun wollen.
Harold Pinter

Glaubt man dem Volksmund, soll man nicht auf den nächsten Tag verschieben, was man am selben Tag machen kann. Zwar kann das Verschieben momentan erleichternd wirken; wiederholt es sich aber Tag für Tag, wird man gestresst, denn die Aufgaben häufen sich zu einem Schrecken erregenden Berg, während die Zeit zu verrinnen scheint. Letztendlich wird die Arbeit erledigt, weil sie erledigt werden muss, jedoch eher schnell und schlecht. Die erbrachte Leistung ist zwar kraftaufwendig, die Ergebnisse sind aber unbefriedigend.

ARBEITSBLATT: **Zeitfresser**

Zeitfresser	Kann ich ihn beseitigen?	Wie?	(Ab) Wann?

Wenn Sie zur „Verschiebitis" neigen, probieren Sie folgende Übung: Sie wollen eine bestimmte Aufgabe erledigen, sagen wir, ein Buch lesen. Teilen Sie die Gesamtarbeit in Teilaufgaben, die Sie innerhalb von jeweils 40 Minuten erledigen können.

Vorbereitung

► Planen Sie in Ihrem Kalender einen Zeitabschnitt von 40 Minuten ein.
► Wählen Sie eine Zeit, in der Ihre Konzentrationsfähigkeit am höchsten ist.
► Notieren Sie in Ihrem Kalender den genauen Zeitpunkt für den Beginn der Übung und halten Sie sich daran.

Übung

► Kurz vor diesem Zeitpunkt bereiten Sie sich mental auf Ihre Aufgabe vor: Wie viele Seiten werden Sie lesen? Werden Sie eine Zusammenfassung schreiben? Wollen Sie den Text exzerpieren? Bereiten Sie das benötigte Material auf Ihrem Schreibtisch vor.
► Wenn erforderlich, stellen Sie einen Wecker bereit, der nach 40 Minuten klingelt.
► Sind die 40 Minuten vorbei, hören Sie unbedingt auf zu arbeiten: Ihr Gehirn wird sich sonst merken, dass Sie sich nicht an die Arbeitszeiten halten, und es wird Ihnen beim nächsten Mal schwerer fallen, sich zu motivieren.

Nach der Übung

► Planen Sie für die nächste Etappe sofort einen neuen Zeitabschnitt von 40 Minuten in Ihrem Kalender ein.
► Schauen Sie jeden Tag in Ihren Kalender; dadurch werden Sie sich das nächste Datum merken und Ihr Gehirn konditionieren.
► Planen Sie immer nur *einen* Zeitabschnitt von 40 Minuten ein.
► Belohnen Sie sich jedes Mal für die erledigte Arbeit.

Wie organisiere ich meine Zeit?

*Alles, was sich zu lange hinschleppt, ehe es zu
etwas nur irgend Sichtbarem wird, verliert an
Interesse. Nur der Wechsel ist wohltätig.*

Wilhelm von Humboldt

Kommt Ihnen folgende Situation bekannt vor? Sie arbeiten konzentriert an einer Sache und langsam kommt ein Zeitpunkt, ab dem Sie sich nicht mehr so gut konzentrieren können; Sie möchten eigentlich etwas anderes tun. Aber Sie beharren darauf, die begonnene Tätigkeit zu Ende zu führen. Das Ergebnis: Sie werden müde und genervt. Vielleicht beginnen Sie, Fehler zu machen. Oder Sie müssen mehrmals die gleiche Textstelle lesen, ohne sie zu verstehen. Kurz: Ab einer bestimmten Schwelle sinkt die Produktivität.

Finden Sie also heraus, wie lange Sie konzentriert an einer bestimmten Aufgabe arbeiten können und planen Sie dementsprechend Ihre Zeit. Wenn Sie nach einer konzentrierten Arbeitsphase die Lust verspüren, etwas anderes zu machen, so gehen Sie diesem Bedürfnis nach! Wechseln Sie die Tätigkeit, wählen Sie einen anderen Lernstoff oder bewegen Sie sich.

Um eine realistische Zeitplanung zu gestalten, können Sie sich auf einem Arbeitsblatt Fragen stellen (siehe S. 36).

Haben Sie diese Fragen geklärt? Dann können Sie die unterschiedlichen Termine in Ihrem Kalender eintragen. Denken Sie daran, Aufgaben in kleine, handhabbare Arbeitsphasen zu gliedern und für jede Phase eine bestimmte Zeit einzuplanen.

ACHTUNG!

„Wer weit reisen will, schone sein Reittier."

▸ Achten Sie auf Gleichgewicht in Ihrer Zeiteinteilung: Sie müssen genug Zeit haben zum Studieren, aber auch für Freizeit, Schlaf usw.
▸ Überlasten Sie nicht Ihren Stundenplan. Dies könnte sich auf Ihre Motivation negativ auswirken.
▸ Setzen Sie sich immer bescheidene, aber realistische Ziele. Zu hohe Ansprüche könnten Sie entmutigen und zur „Verschiebitis" führen.
▸ Planen Sie großzügig: Manche Aufgabe, für die Sie eine Stunde vorgesehen haben, kann mal eine Viertelstunde länger dauern. Ist Ihr Arbeitsplan zu eng, werden die nächsten Aufgaben alle verschoben und Sie können in Bedrängnis kommen.
▸ Seien Sie flexibel!

ARBEITSBLATT: **Zeitplanung**

In welchen Zeiträumen ist meine Konzentration am höchsten?

Wie lange bin ich bei welcher Tätigkeit wirklich konzentriert?

Wann habe ich Konzentrationslöcher?

Wann habe ich Fristen zu beachten (Abgabetermine, Klausuren etc)?

Welche Termine sind regelmäßig (Seminare, Familienpflichten, Job etc)?

Welche Termine sind variabel (Tätigkeiten, die zu unterschiedlichen Tageszeiten, die sich von Woche zu Woche ändern können, wie z.B. Arztbesuch, Reise, Konzert...)?

Wann habe ich Zeitpuffer für Unerwartetes?

Wann habe ich freie Momente für Entspannung oder Freizeit?

Wie plane ich meine Zeit?

Geduld, Vernunft und Zeit macht möglich die
Unmöglichkeit.
Simon Dach

Wollen Sie Ihre Zeit optimal organisieren? Dann schreiben Sie alles nieder, was Sie in der kommenden Woche zu tun haben. Am besten nehmen Sie ein spezielles Heft dafür. Es ist besser als die vielen kleinen Zettel, die häufig verloren gehen! Sie können z.B. zunächst eine Wochenliste erstellen, und dann, Tag für Tag, eine Tagesliste.

Die Wochenliste

Führen Sie eine Aufgabenliste – und nur eine – und setzen Sie sich Wochenziele.
► Notieren Sie ALLE Aufgaben.
► Schreiben Sie das Datum der Aufgaben mit Fristen auf.
► Kennzeichnen Sie Aufgaben, die nicht mehr als 5 Minuten in Anspruch nehmen (z.B. mit 5').
► Kennzeichnen Sie die unangenehmen Aufgaben (z.B. mit *U*).
► Nehmen Sie die Liste täglich mehrmals zur Hand. Bringen Sie diese auf den aktuellen Stand. Streichen Sie erledigte Aufgaben ab.

TIPP

Prioritäten setzen: Das „Eisenhower-Prinzip"

Wie finden Sie heraus, was Vorrang hat, wenn Sie so viel zu tun haben? Vielleicht kann Ihnen das „Eisenhower-Prinzip" dabei helfen: General Eisenhower befehligte die Landung der Alliierten in der Normandie und wurde später Präsident der USA. Um seine zahlreichen Aufgaben zu meistern, teilte er sie in eine Matrix ein:

1. Wichtig und dringend	2. Wichtig und nicht dringend
3. Nicht wichtig und dringend	4. Nicht wichtig und nicht dringend

Die Tagesliste

Bereiten Sie Ihre Tagesliste am Vorabend vor.
▸ Übernehmen Sie nur 3 bis 5 Aufgaben von Ihrer Wochenliste. Erst wenn diese abgearbeitet sind, nehmen Sie neue hinzu. So bleibt Ihr Pensum immer übersichtlich.
▸ Erledigen Sie die 5 Minuten-Aufgaben so bald wie möglich.
▸ Übernehmen Sie, wenn möglich, maximal eine unangenehme Aufgabe pro Tag.
▸ Schreiben Sie die veranschlagte Zeit jeder Aufgabe mit auf Ihren Tagesplan und halten Sie sich an die Zeitangaben;
▸ Verplanen Sie höchstens 60% des Tages: Lassen Sie genügend Puffer für Unerwartetes.
▸ Planen Sie auch Pausen ein, tanken Sie auf, belohnen Sie sich.

Sie können mit Aufgabenlisten nicht arbeiten? Prioritäten zu setzen liegt Ihnen nicht? Dann versuchen Sie folgende Methode: Nehmen Sie eine Pinnwand und teilen Sie sie in drei Spalten:

Zu tun	In Arbeit	Erledigt

▸ Schreiben Sie jede Aufgabe auf einen Zettel. Wichtig: nur *eine* Aufgabe pro Blatt.
▸ Heften Sie den jeweiligen Zettel in die Spalte *Zu tun*.
▸ Fangen Sie an daran zu arbeiten, so bewegen Sie den entsprechenden Zettel in die Spalte *In Arbeit*. Ist die Aufgabe erledigt, gehört er in die Spalte *Erledigt*.

So behalten Sie einen guten Überblick über alles, was Sie zu tun haben. Ist die Spalte *In Arbeit* voll, könnte das ein Indiz dafür sein, dass Sie sich verzetteln. Dann wäre es ratsam, einige Aufgaben in die Spalte *Zu tun* zurück zu schieben, bis die anderen erledigt sind.

> **ACHTUNG!**
>
> **Trennen Sie Arbeit und Freizeit**
>
> Wenn Sie Ihre Arbeitszeit nicht angemessen festlegen, kann es sein, dass Arbeit und Freizeit verschwimmen. Dies führt langfristig zu Frustrationen: Schlechtes Gewissen in der Freizeit, das Entspannung und Freude verhindert (nach dem Motto: *Eigentlich solltest du zu Hause sein und lernen*). Oder ein unverhofftes Treffen am Kopierer wird als willkommene Ablenkung begrüßt – doch bald verwandelt sich auch dieses Wohlgefühl in ein schlechtes Gewissen. Darum: Ihre Studienaufgaben sollten einen bestimmten Zeitrahmen nicht überschreiten. Legen Sie die Arbeitszeiten fest und lassen Sie Raum für Freizeit, Entspannung und Ihre persönlichen Bedürfnisse.

Wie werte ich meine Zeitplanung aus?

*Wer den schlechtesten Gebrauch von seiner
Zeit macht, jammert am meisten, dass sie so
knapp ist.*
Jean de La Bruyère

Sie haben eine Zeitplanung erstellt und sind mit ihr nicht zufrieden? Dann ist es vielleicht sinnvoll, sie auszuwerten. Sie können z.B. den Fragebogen auf S. 40 kopieren und einen Tag lang sorgfältig ausfüllen.

▸ Füllen Sie die Spalte *Was habe ich vor?* am Vortag aus.
▸ Behalten Sie die Tabelle bei sich und füllen Sie die Spalte *Was habe ich gemacht?* und *Benötigte Zeit* im Laufe des Tages aus.
▸ Vergleichen Sie am Abend die Spalten *Was habe ich vor?* und *Was habe ich gemacht?* So können Sie prüfen, ob
 – Ihre Ziele realistisch sind (oder ob Sie zu viel oder zu wenig geplant haben);
 – Sie fähig sind, gesetzte Ziele zu verfolgen;
 – Sie die Tageszeiten, zu denen Sie am leistungsfähigsten sind, effektiv nutzen;
 – zeitfressende, unvorhergesehene Unternehmungen Sie von Ihren eigentlichen Vorhaben ablenken.

So werden Sie Ihre Zeitplanung Ihren Bedürfnissen und Möglichkeiten immer besser anpassen können – und Ihr Zeitmanagement beträchtlich verbessern.

ARBEITSBLATT: **Tagesplan**

Uhrzeit	Datum:									
	Studienbezogene Tätigkeiten					Nicht studienbezogene Tätigkeiten				
	Was habe ich vor?	Was habe ich gemacht?	Benötigte Zeit	K* (1-2-3)	A** (1-2-3-4)	Was habe ich vor?	Was habe ich gemacht?	Benötigte Zeit	K* (1-2-3)	A** (1-2-3-4)
05-06										
06-07										
07-08										
08-09										
09-10										
10-11										
11-12										
12-13										
13-14										
14-15										
15-16										
16-17										
17-18										
18-19										
19-20										
20-21										
21-22										
22-23										
23-24										
24-01										
01-02										
02-03										
03-04										
04-05										

*K: Konzentrationsstärke
1: gut, ich habe gut gearbeitet, 2: mittelmäßig, ich war wenig konzentriert und habe nicht alles erledigt, 3: schlecht, ich war gar nicht konzentriert und habe meine Zeit vergeudet
** A: Auswertung
Die Zeit auf diese Weise zu verbringen war: 1: sehr angenehm, 2: angenehm, 3: unangenehm, 4: sehr unangenehm

Kapitel 3: Umgang mit Emotionen

Emotionen stellen ein großes Energiepotential dar. Sie haben es bestimmt schon erlebt: Glücksgefühl gibt Ihnen Flügel. Eine Aufgabe, die Ihnen Freude bereitet, erledigen Sie gewissenhaft und sorgfältig. Wenn Sie ein Thema leidenschaftlich interessiert, wollen Sie mehr wissen und scheuen keine Mühe, Sie verlieren jedes Zeitgefühl. Wenn Sie dagegen traurig sind, haben Sie keine Kraft und fühlen sich leer, erschöpft. Oder wenn Sie etwas langweilt, scheint die Zeit stehen zu bleiben. Ihre Kräfte lassen schnell nach und Sie ermüden. Sicherlich können wir unsere Gefühle nicht immer kontrollieren, aber wir können sie bis zu einem gewissen Grad beeinflussen und die in ihnen liegenden Kraftreserven ausnutzen.

Wie motiviere ich mich?

Man liebt das, wofür man sich müht, und
man müht sich für das, was man liebt.
Erich Fromm

Den „inneren Schweinehund" zu überwinden ist nicht leicht, aber notwendig. Es ist so mühsam, etwas ohne Freude und aus einem Zwangsgefühl heraus zu machen! Selbst der kompetenteste Mensch wird unter solchen Bedingungen seine Arbeit schlecht erledigen. Es gibt aber zahlreiche Techniken, sich zu motivieren. Hier finden Sie einige Tipps und Tricks.

▶ Zu Beginn einer Arbeit, wenn Sie sich (noch) motiviert fühlen, notieren Sie in Ihr Arbeitsjournal, (siehe Seite 76) weswegen Sie das Thema besonders interessiert. Solche Sätze können in Momenten des (Ver-)Zweifelns ein Rettungsanker sein: Die Erinnerung an Ihre Anfangsstimmung kann Ihnen wieder Energie und Mut geben.

▶ Langweilt Sie Ihre Arbeit, so schreiben Sie in Ihr Arbeitsjournal wie lästig sie ist und weswegen. Was bräuchten Sie, damit sie interessant wird?

▶ Suchen Sie nach Ihrem persönlichen Bezug zum Thema.

▶ Beginnen Sie mit einer Bestandsaufnahme: *Was weiß ich schon über das Thema?* Machen Sie z.B. dazu ein Brainstorming oder ein Assoziogramm (siehe Seite 136-137). Wenn Sie feststellen, wie viel Sie schon über das Thema wissen, wird es Ihnen leichter fallen, weiter daran zu arbeiten (Erinnern Sie sich: Das Zwischenhirn mag das Unbekannte nicht und will beruhigt werden).

▶ Suchen Sie nach dem Problem, das im Thema enthalten ist. Suchen Sie nach dem Rätselhaften. Rätsel sind ein Ansporn für den Geist. Was finden Sie problematisch, widersprüchlich, unklar, noch nicht erarbeitet an Ihrem Thema?

▶ Beginnen Sie immer mit dem Einfachsten, mit dem Interessantesten, mit dem Vertrautesten. So werden Sie schneller voranschreiten.

▶ Arbeiten Sie regelmäßig. Es ist gefährlich, lange Pausen zwischen zwei Arbeitsphasen zu machen: Vieles wird vergessen und die Wiedereinarbeitung kostet Energie und Zeit.

Was dagegen wirkt auf Dauer demotivierend und beängstigend?

▶ Zu viel gleichzeitig machen zu wollen

▶ Sich zu verzetteln

▶ Aufgaben aufzuschieben

▶ Eine defätistische Lebenshaltung

▶ Müdigkeit und Überforderung

TIPP

Kampf den Killersätzen!

Passen Sie auf die Sätze auf, die Sie vielleicht häufig wiederholen wie *Ich bin zu dumm!* oder *Das schaffe ich nie!*. Sie untergraben Ihre Energie. Verwandeln Sie diese Sprüche in positive Sätze wie z.B. *Ich habe schon größere Hindernisse bewältigt. Diesmal werde ich es auch schaffen!* Im Sporttraining werden oft positive Sätze wiederholt und laut geschrieen, um die Spieler zu ermutigen und zu konditionieren. Lassen Sie sich von den Sportlern inspirieren! Hier finden Sie eine Liste von Sätzen, die Sie ergänzen können. Sagen Sie sich den positiven Satz vor; oder schreiben Sie ihn auf große Blätter ab, die Sie an die Wand über Ihrem Schreibtisch oder Ihrem Bett anbringen werden:

▶ Ich bin vollkommen in der Lage ...

▶ Ich werde immer mehr und mehr ...

▶ Mir gelingt es leicht, ...

▶ Ich konzentriere mich auf ...

▶ ... immer leichter.

▶ ... in allen Bereichen.

▶ ... ab jetzt.

▶ ... bei jeder Klausur.

Wie entspanne ich mich?

Das Gras wächst nicht schneller, wenn man
daran zieht.
Afrikanisches Sprichwort

Zwar kann das menschliche Gehirn eine beträchtliche Menge von Informationen aufnehmen, aber diese werden besser und dauerhafter gespeichert, wenn man sie vernünftig dosiert. Und, obwohl die Konzentrationszeit individuell variabel ist und u.a. von der jeweiligen körperlichen und geistigen Verfassung abhängt, kann man sagen, dass in der Regel die Konzentration nach 40-50 Minuten sinkt. Teilen Sie also Ihre Arbeitszeit möglichst in Phasen von 40-50 Minuten ein, mit anschließenden kurzen Pausen von etwa 10-15 Minuten. Nutzen Sie diese Erholungsmomente zum Entspannen. Ihre Arbeit wird dann viel effektiver sein.

PRAXIS

Entspannungsübungen

Es gibt viele Entspannungsmethoden: Yoga, Tai Chi, Gymnastik u.a. bieten Übungen, deren Wirkungen positiv sind. Die folgende Auswahl von Übungen können Sie jederzeit einzeln oder nacheinander ausführen. Sie werden schnell Ihre Lieblingsübungen entdecken.

▸ Setzten Sie sich, Knie gegeneinander und gegen den Körper. Stellen Sie die Ellenbogen auf die Knie und massieren Sie sich die Kopfhaut mit den Fingerspitzen.
▸ Legen Sie sich auf den Rücken, ziehen Sie ein Knie an die Brust und halten Sie es mit den Armen. Halten Sie diese Stellung einige Atemzüge lang und tun Sie dasselbe mit dem anderen Bein. Wiederholen Sie die Übung ein paar Mal. So entspannen Sie den unteren Rückenteil.
▸ Setzen Sie sich gerade auf den Boden, Beine lang. Halten Sie sich auf den hinter dem Rücken liegenden Händen und ziehen Sie die Fußspitzen so weit wie möglich zu sich heran, ohne die restlichen Körperteile zu bewegen. Halten Sie die Stellung etwa 3-5 Atemzüge lang und lassen Sie beim Ausatmen langsam los.
▸ Setzen Sie sich in den Schneidersitz mit aufrechtem Oberkörper, Hände am Boden. Machen Sie langsam große Kreise mit den Schultern, 10 nach vorn, 10 nach hinten. Diese Übung entspannt die Schultern.
▸ Kreisen Sie mit dem Kopf: Neigen Sie ihn nach vorn, nach rechts, bis das Ohr die rechte Schulter berührt; ziehen Sie ihn dann hoch, nach hinten, nach links, bis zur linken Schulter, dann nach vorn, Kinn aufs Brustbein. Wiederholen Sie die Übung in die andere Richtung. Je langsamer Sie die Übung machen, desto wirksamer ist sie. Sie entspannt den Nacken.

Wie konzentriere ich mich?

Der Mensch ist ein zielstrebiges Wesen, aber
meistens strebt er zu viel und zielt zu wenig.
Günther Ratke

Sie konzentrieren sich, wenn Sie Ihre ganze Aufmerksamkeit einem Gegenstand widmen und alle Kräfte und Bemühungen auf das gleiche Ziel richten. Sie sind konzentrierter, wenn Sie erholt und entspannt sind oder wenn Sie Ihre Aufgabe interessiert; Sie können sich dagegen weniger konzentrieren, wenn Sie müde oder genervt sind oder wenn Ihre Aufgabe Sie langweilt. Aber vielleicht werden Sie nicht immer das Glück haben, entspannt und erholt an einer reizvollen Arbeit zu sitzen. Dann sollten Sie lernen, Ihre Konzentrationsfähigkeit zu steigern. Die hier angeführten Techniken sind die bekanntesten unter vielen anderen; fruchtbar sind sie allerdings nur, wenn sie regelmäßig geübt werden.

PRAXIS

Konzentrationsübungen

▶ Legen Sie sich hin und wählen Sie einen Punkt an der Decke – oder betrachten Sie den Mond oder einen Stern. Schauen Sie hin. Wenn Gedanken kommen, verfolgen Sie sie nicht: Lassen Sie sie gehen. Bringen Sie Ihre Aufmerksamkeit wieder zum Gegenstand. Diese Übung hilft ebenfalls, Emotionen zu beruhigen.

▶ Setzen Sie sich bequem in einen stillen Raum. Stellen Sie in einer Entfernung von etwa 30 cm einen Wecker auf. Konzentrieren Sie sich auf das Ticken. Wenn Sie ein Gedanke heimsucht, lassen Sie ihn gehen, und lenken Sie Ihre Aufmerksamkeit auf das Ticken. Beobachten Sie, wie lange Sie sich konzentrieren können. Wird diese Übung regelmäßig wiederholt, verlängert sich die Konzentrationsphase.

▶ Nehmen Sie ein Bild – ein Gemälde oder eine Fotografie. Schauen Sie es aufmerksam etwa 30 Sekunden lang an und schieben Sie es dann beiseite. Beschreiben Sie das Bild schriftlich oder mündlich mit allen Details: Zahl der Gegenstände, Farben, Reihenfolge usw.

▶ Nehmen Sie ein Buch und lesen Sie eine oder zwei Seiten aufmerksam. Schließen Sie dann das Buch und denken Sie über das Gelesene nach. Wenn fremde Gedanken kommen, lassen Sie diese wieder gehen, verfolgen Sie sie nicht. Konzentrieren Sie sich auf das Gelesene, lassen Sie Ihr Bewusstsein assoziieren, klassifizieren, gruppieren, kombinieren und vergleichen. Wenn Sie sich gut konzentriert haben, werden Sie einen klaren und starken Eindruck vom Text gewinnen. Diese Übung trainiert ein auf seinen Gegenstand zentriertes Nachdenken und verbessert die Erinnerungsfähigkeit.

Wie gehe ich mit Stress um?

Das Umgekehrte von „stressed" ist „Desserts".
Peter Ustinov

Wie funktioniert der Stress? Es ist ursprünglich eine biologische, reflexhafte Reaktion auf eine Gefahr oder eine bedrohliche Situation: Der Körper reagiert sehr rasch – durch Angriffsbereitschaft oder Flucht. Auch wenn diese Gefahren in unserer Gesellschaft eher selten geworden sind, reagiert der Körper auf unangenehme oder bedrohliche Reize mit Stress: Durch die Sinnesorgane wird Alarm geschlagen und der Hypothalamus (kleiner Bereich im Zwischenhirn, der verschiedene Körperfunktionen kontrolliert) aktiviert: Er reagiert und sendet eine Botschaft. Um sicher zu stellen, dass diese Botschaft ihren Adressaten tatsächlich erreicht, schickt er sie durch zwei unterschiedliche Kanäle:
▶ Durch das sympathische Nervensystem, welches das Alarmsignal den Muskeln und dem zentralen Teil der Nebennierenrinden weitergibt. Dadurch wird eine gesteigerte Produktion von zwei Hormonen angeregt: Adrenalin und Noradrenalin. Diese verschärfen den Aufregungszustand.
▶ Durch die Hypophyse, welche die sogenannten „Stresshormone" in die Blutbahn ausschüttet. Etwa dreißig Hormone werden dadurch simultan freigesetzt.
Wie sind die Reaktionen auf der Körperebene? Sie haben es bestimmt schon erlebt: Herzklopfen, schnelleres und kürzeres Atmen, Blutdruckerhöhung, Magen-Darmstörungen, Veränderungen auf der Körperoberfläche (Gänsehaut, kalte Hände und Füße u.a.). Plötzlich fällt es schwer, sich zu konzentrieren, sich zu erinnern oder Gedanken logisch zu ordnen.

Dennoch ist eine moderate Dosis Stress notwendig, denn sie setzt die Energie frei, mit der Sie Schwierigkeiten bewältigen können.

Mit Stress umgehen.

Es gibt leider kein Wundermittel gegen Stress, denn jeder ist unterschiedlich empfindlich. Darum hilft es, sich selbst zu kennen. Hier finden Sie einige Fragen, die Sie auf für Sie passende Lösungen bringen werden:

► Welche Situationen stressen Sie?
► Wie reagieren Sie darauf?
► Gibt es Stresssituationen, die Sie vermeiden können?
► Wenn sich eine Situation nicht vermeiden lässt, können Sie sich diese vorstellen und Ihre Reaktionen dementsprechend planen?
► Gibt es Stresssituationen, worauf Sie sich vorbereiten können – z.B. eine mündliche Klausur mit einem Bekannten durchspielen?
► Haben Sie Freunde oder Verwandte, die Sie beruhigen oder ermutigen können?

Tipps gegen Stress

► Versuchen Sie, Seminare, Selbststudium und Auswendiglernen gut zu organisieren: Erstellen Sie einen realistischen Arbeitsplan. Vermeiden Sie das Pauken im letzten Moment vor der Klausur oder dem Abgabetermin.
► Gestalten Sie Ihren Arbeitsraum so, dass Sie sich dort wohlfühlen.
► Machen Sie Sport (Körperübung ist für den Stressabbau wichtig), pflegen Sie Ihre Hobbies (Ihr Leben darf sich nicht nur um das Studium drehen), treffen Sie Ihre Freunde.
► Achten Sie auf eine ausgewogene und vielseitige Ernährung. Essen Sie nicht vor dem Computer: Trennen Sie Arbeit und Esszeit. Dies ist eine Zeit, in der Sie sich regenerieren, sowohl körperlich als auch geistig.
► Vermeiden Sie Tabak, Koffein oder Alkohol. Im ersten Moment haben sie zwar einen Beruhigungseffekt, aber auf Dauer verstärken sie die Angst.
► Versuchen Sie genug zu schlafen – und zwar ohne Arzneimittel.

Außerdem hilft auch alles, was entspannt:
– tief atmen
– den Oberkörper aufrichten
– das Kinn heben
– lächeln und die Stirn glätten
– Entspannungs- und Konzentrationsübungen

Wenn Sie öfter unter Angst und Depressionen leiden, holen Sie sich professionelle Hilfe. Der Stress darf sich nicht zu einem Dauerzustand auswachsen, das könnte Sie krank machen.

TIPP

Lächeln Sie!

Zahlreiche unterschiedliche Faktoren beeinflussen unseren inneren Zustand, sogar unsere Gesten, unsere Mimik, unsere Ticks: Die Stirn zu runzeln, eine Miene zu ziehen oder den Kopf zwischen die Schultern zu senken verspannt auch die Psyche. Glätten Sie also die Stirn, spannen Sie die Brust, lächeln Sie, selbst wenn Sie traurig sind oder Sorgen haben: Die Wirkung lässt sich sofort spüren.

Was tun gegen Schreibblockaden?

Die drei großen Killer des Schreibens sind:
Perfektionismus, Furcht, Größenfantasie.
Lutz von Werder

Das wissenschaftliche Schreiben ist manchmal mit heftigen Gefühlen verbunden. Je länger, je anspruchsvoller die Arbeit, um so höher die Ansprüche, die man an sich selbst stellt, umso größer auch die Zweifel, gar die Verzweiflungsmomente. Es ist aber gut zu wissen, dass diese Momente das Los jedes Schreibenden sind. Sich über die Ursache einer Schreibblockade klar zu werden, ist oft schon der erste Schritt zu ihrer Auflösung. Denn Probleme, die wir bewusst

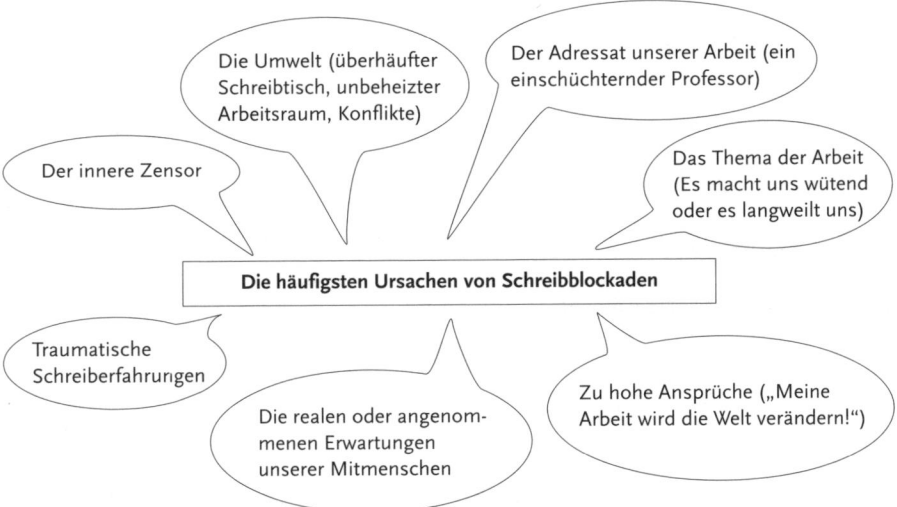

wahrnehmen, verlieren ihren Schrecken: Wir können sie dann neu bewerten, abschütteln – oder einfach beschließen, mit ihnen zu leben. Welches sind also die häufigsten Ursachen von Schreibblockaden?

Eine sehr verbreitete Ursache von Schreibblockaden ist der sog. „innere Zensor": Sie kennen bestimmt diese kleine Stimme, die das, was Sie tun, für schlecht erklärt und Sie damit bei der Arbeit blockiert. Je fortgeschrittener das Studienniveau, desto höher die Maßstäbe, die uns der innere Zensor stellt. Ergebnis: Wir haben das Gefühl vor einem unbezwingbaren Hindernis zu stehen, Hemmungen und Krisen häufen sich, und nicht selten können wir tage-, gar wochenlang nichts schreiben. Wie kann man aber mit dem inneren Zensor umgehen?

▶ Hören Sie ihm zu: Er ist nur eine Stimme unter vielen. Identifizieren Sie ihn: Wer steckt dahinter?
▶ Schreiben Sie einen Dialog. Fragen Sie Ihren inneren Zensor, warum er Sie vom Schreiben abhalten will.
▶ Schreiben Sie ein Märchen über Ihre momentane Schreibunfähigkeit: *Es war einmal eine junge Frau, die nicht schreiben konnte...*
▶ Meldet sich Ihr innerer Zensor, sagen Sie ihm, dass Sie gerade momentan ein Spiel oder ein Experiment durchführen.
▶ Thematisieren Sie das Problem: Sie werden feststellen, dass es an der Hochschule weit verbreitet ist.

Machen Sie sich bewusst, dass jeder Schreibende Krisen durchläuft. Das nennt man „die Angst vor dem leeren Blatt" – oder vor dem leeren Bildschirm. Wir haben viele Gedanken im Kopf, wissen eigentlich, was wir schreiben wollen – oder glauben es zu wissen – schaffen es aber nicht, zu schreiben. Oder wir schreiben einen Satz und zerreißen gleich das Blatt oder löschen die Zeile, um wieder von vorn zu beginnen. Diese Situation kann lange dauern, von einigen Minuten bis zu mehreren Wochen – manchmal länger. Darum ist es unabdingbar, regelmäßig zu schreiben: Wenn Sie das Schreiben trainieren, werden Sie weniger mit Blockaden zu kämpfen haben, und es wird es Ihnen leichter fallen, Ihre Arbeit zu verfassen.

ACHTUNG!

Tipps gegen Schreibblockaden

▶ Sagen Sie sich immer wieder: *Ich schreibe für mich, um etwas zu lernen, um etwas zu verstehen* usw.
▶ Vergegenwärtigen Sie sich, dass Sie immer noch die Möglichkeit haben, Ihren Text zu überarbeiten.
▶ Schreiben Sie Ihren Text an einen Freund in Form eines Briefes.

▶ Schreiben Sie einem Freund eine E-Mail über das, worüber Sie gerade nicht schreiben können.
▶ Erzählen Sie jemandem oder der Wand, worüber Sie schreiben wollen – und nehmen Sie sich dabei auf.
▶ Überarbeiten Sie, was Sie schon geschrieben haben.
▶ Schreiben Sie einen kurzen Text ab, der Ihnen gefällt.
▶ Übersetzen Sie einen kurzen Text in Ihre Muttersprache.
▶ Geben Sie sich eine beschränkte Zeit zum Schreiben: z. B. eine halbe Stunde, während der Sie nichts anderes tun werden, egal was sonst passiert.

Kapitel 4: Lernmethoden

Ein gutes Gedächtnis verbindet Informationen durch Assoziationen zu einem Netz. Jede schon vorhandene Information ist dabei wie ein Haken, an den sich eine neue anhängt. Je mehr Daten Sie schon gespeichert haben, desto mehr „Haken" haben Sie, an die weitere anknüpfen können. Je mehr Sie also wissen, desto besser können Sie neue Informationen speichern. Erinnern Sie sich nicht auf Abruf an eine Information? Dann können Sie mit Hilfe anderer Assoziationen den Weg zu ihr finden und sie herausholen.

Wie mache ich mir Notizen während der Lehrveranstaltungen?

Früchte, die dir entkommen wollen, pflücke
mit schneller Hand!

Ovid

Ob Referat, Vorlesung oder Vortrag, Sie werden, wenn Sie die Information behalten wollen, sich schriftliche Notizen machen. Es gibt dafür verschiedene Methoden, von denen werden hier einige vorgestellt werden. Doch zunächst ein paar Hinweise vorweg.

1 Vor- und Nachbereitung eines Veranstaltungsbesuchs

Vorbereitung

Aufmerksamkeit ist für das Erfassen brauchbarer Notizen unentbehrlich. Es bringt wenig, an etwas anderes zu denken und dabei niederzuschreiben, was man mit einem Ohr hört. Die Notizen sind dann oft unverständlich und es kostet Zeit, die Information wieder zu finden.

Wie können Sie Ihre Aufmerksamkeit erhöhen? Sie könnten die wenigen Minuten vor Veranstaltungsbeginn nutzen, um sich vorzubereiten. Stellen Sie sich z.B. einige Fragen und beantworten Sie diese schriftlich: Das Schreiben wird Ihnen helfen, ins Thema einzusteigen, sich zu konzentrieren und sich auf das Zuhören vorzubereiten. Sie können sich beispielsweise Fragen stellen wie:

▸ Wovon handelt die heutige Sitzung?
▸ Was interessiert mich am Thema?
▸ Was hat das Thema mit mir zu tun?
▸ Was weiß ich schon über das Thema?
▸ Welche Fragen fallen mir ein, wenn ich an das Thema denke? Notieren Sie diese, das wird Ihre Aufmerksamkeit erhöhen. Sollten Sie bei der Veranstaltung keine Antwort finden, können Sie vielleicht Ihre Fragen bei der Diskussion oder am Ende der Stunde einbringen.

Wenn Sie schon die Woche davor eine Veranstaltung zum gleichen Thema hatten, wird folgende kurze Übung Ihnen helfen, sich an die vorige Sitzung zu erinnern und sich auf das Thema des Tages einzustimmen. So können Sie sich beispielsweise fragen:

▸ Was habe ich von der letzten Sitzung behalten?
▸ Welche Aspekte haben mich besonders interessiert?
▸ Was ist der Zusammenhang zwischen der letzten Sitzung und der heutigen?

Sie haben keine Lust zu schreiben? Sie wollen lieber mit Ihren Kommilitonen reden? Dann können Sie vielleicht gemeinsam über diese Fragen nachdenken. Wichtig ist nicht, *wie* Sie sich darauf vorbereiten, neue Informationen aufzunehmen, sondern *dass* Sie es tun.

Sie können ebenso einige Minuten nach der Veranstaltung nutzen, um kurz zu rekapitulieren, was Sie gehört haben. Denn Ihr Gedächtnis arbeitet selektiv: Es wird die wichtigsten Informationen identifizieren und speichern – zumindest wenn Sie den Stoff verstanden haben. So können Sie beispielsweise einen kurzen Text schreiben, der die Frage *Was habe ich von der Veranstaltung behalten?* beantwortet.

Dies wird Ihnen helfen,

▸ das Wissen besser zu speichern;
▸ Ihre Notizen später besser zu ordnen und zu ergänzen;
▸ festzustellen, ob etwas vielleicht noch unklar oder nicht verstanden ist.

PRAXIS

Im Seminar

Nach einem Referat können Sie sich etwa fünf Minuten Zeit für eine Bestandsaufnahme nehmen: Beantworten Sie zügig schriftlich und ohne nachzuschlagen z.B. die Frage: *Was habe ich vom Referat behalten?* Dies wird Ihnen helfen, Ihre Gedanken zu sammeln. Das Schreiben kann Sie auf wichtige Fragen bringen, die Ihnen sonst vielleicht nicht eingefallen wären. Außerdem brechen Sie durch das Schreiben die Passivität des Zuhörens: Sie werden wieder aktiv und konzentriert für die folgende Diskussion.

Nachbereitung

Sie haben eine Veranstaltung besucht und sich dabei Notizen gemacht. Nun müssen Sie diese bearbeiten. Vergleichen Sie Ihre Aufzeichnungen mit der Rekapitulation, die Sie nach der Veranstaltung gemacht haben. Dies wird Ihnen helfen, die Informationen zu ordnen und zu ergänzen. Bei der Bearbeitung ist es also ratsam,

▶ Schlüsselwörter am Rand zu notieren;
▶ Leerstellen zu ergänzen, wenn es welche gibt; wenn Sie sich an die genaue Information nicht erinnern, fragen Sie Kommilitonen oder den Dozenten;
▶ Unentzifferbares oder Abkürzungen neu zu schreiben;
▶ die Bedeutung von neuen Begriffen im Wörterbuch nachzuschlagen – überprüfen Sie dabei die Rechtschreibung.

Beschränken Sie sich nicht darauf, Ihre Notizen zu ergänzen, sondern bearbeiten Sie sie aktiv:
▶ Suchen Sie nach eigenen Beispielen: Welche Texte oder Autoren fallen Ihnen zum Thema ein?
▶ Welche Fragen stellen Sie sich? Suchen Sie nach Antworten – oder stellen Sie die Frage in der nächsten Stunde.
▶ Notieren Sie alles, was Sie nicht verstehen und lösen Sie schnellstmöglich das Problem. Lesen Sie nach oder fragen Sie den Dozenten.
▶ Unterstreichen Sie, rahmen Sie ein, zeichnen Sie Pfeile, benutzen Sie Farben, stellen Sie das Geschriebene schematisch dar.

Nehmen Sie sich für jede Veranstaltung eine kurze Zeit, um Ihre Notizen zu ergänzen und wiederzulesen. Es kann Ihnen am Anfang zwar als eine lästige Arbeit vorkommen, aber mit der Zeit und durch Übung wird es sich zu einer Routine entwickeln, über die Sie sich im Nachhinein freuen werden.

II Notizen richtig schreiben

Es gibt verschiedene Methoden, sich Notizen zu machen. Im Folgenden finden Sie einige Anregungen, wie Information systematisch erfasst werden kann. Sie können zum Beispiel wieder ein Arbeitsblatt verwenden (siehe nächste Seite).

ARBEITSBLATT: **Informationserfassung**

Datum:
Seminar/Vorlesung/Vortrag:
Thema:
Referent:
Eventuell Ort:
Eventuell Technik (*Bilder- oder Filmprojektion, Laboratoriumsexperiment usw.*):
Notizen (*Wie Sie Notizen verfassen können, finden Sie auf den folgenden Seiten*):
Neue Begriffe (*Definition*):
Mein Kommentar:
Meine Fragen:
Bücher bzw. Texte, die ich lesen muss:
Themen, die ich vertiefen will:
Zusammenfassung (*sobald wie möglich nach dem Unterricht zu schreiben*): Was habe ich von der Veranstaltung behalten?
Probleme, die noch zu lösen sind (*Unklares, Nichtverstandenes...*):

Die Art und Weise, wie Sie sich Notizen bei einer Veranstaltung machen, hängt von der Art des Vortrags, von Ihrem Interesse und von Ihrer momentanen Konzentration ab. Folgende Methoden haben sich bewährt.

Zwei Techniken, um Notizen zu machen

Die Methode Cornell

Zeichnen Sie links auf Ihrem Blatt einen Rand von etwa 5cm (siehe S. 54).

Während der Veranstaltung:
▶ Notieren Sie die Informationen in der rechten Spalte.
▶ Geht der Vortragende einen neuen Punkt an, lassen Sie einen Raum von einigen Leerzeilen vor den Informationen zum nächsten Punkt.

Nach der Veranstaltung:
▶ Notieren Sie für jede Information ein Schlüsselwort oder ein Bild in der linken Spalte.
▶ Ergänzen Sie die fehlenden Informationen.

Beim Lernen:
▶ Verdecken Sie die rechte Spalte des Blattes, so dass Sie nur die Schlüsselbegriffe der linken Spalte sehen.
▶ Bei jedem Schlüsselbegriff sagen Sie sich, was rechts versteckt ist.
▶ Wenn Sie denken, alles gesagt zu haben, decken Sie die rechte Spalte auf und überprüfen die Richtigkeit und die Vollständigkeit dessen, was Sie gesagt haben.

Die Hierarchie-Methode

Sie besteht darin, Haupt- und Unterpunkte in logisch aufeinanderfolgenden, leicht verständlichen Teilen hierarchisch anzuordnen. Dadurch wird der Inhalt der Veranstaltung strukturiert dargestellt.

Während der Veranstaltung:
▶ Notieren Sie die Hauptinformationen so weit links wie möglich.
▶ Die entsprechenden untergeordneten Informationen werden darunter rechts eingerückt notiert (siehe Abbildung S. 56).
▶ Achten Sie darauf, diese Teile durch Leerräume zu trennen.
▶ Numerieren Sie die verschiedenen Teile nach ihrem Wichtigkeitsgrad. Wenn Sie nicht sicher sind, benutzen Sie einen Bleistift. Halten Sie sich immer an das gewählte Numerierungssystem. Sonst droht Chaos!

Schlüsselbegriff 1

Information a
Information b
Information c

Schlüsselbegriff 2

Information a
Information b
Information c

Schlüsselbegriff x

Information a
Information b
Information c

Arbeitsblatt zur Cornell-Methode

Nach der Veranstaltung:
- ▶ Ergänzen Sie fehlende Informationen.
- ▶ Unterstreichen Sie die unterschiedlichen Titel und Untertitel mit verschiedenen Farben. Halten Sie sich an die Aufteilung, für die Sie sich entschieden haben.

Beim Lernen:
- ▶ Formulieren Sie die wesentlichen Punkte in Fragen um.
- ▶ Beantworten Sie die Fragen, ohne nachzuschlagen.
- ▶ Überprüfen Sie Ihre Antworten.

Vorsicht: Diese Methode erfordert eine gute Konzentration beim Zuhören. Sie funktioniert nicht, wenn der Vortragende zu schnell spricht oder wenn Sie keine Struktur im Vortrag erkennen können.

Wenn Sie sich Notizen machen, ist es wichtig, die Struktur des Vortrags zu erkennen. Wenn der Referent eine Gliederung verteilt hat, können Sie sich für die Notizen daran orientieren.

Stellen Sie sich beim Zuhören Fragen, die Ihre Aufmerksamkeit anspornen werden: *Wer? Was? Wann? Wo? Wie? Warum? Weswegen? Wozu? Wie viel?* Fallen Ihnen noch andere Fragen oder Kommentare ein, sollten Sie diese nach Möglichkeit aufschreiben. Auch das fördert aktives Zuhören.

I. Erster Hauptpunkt

A. Erster Unterpunkt

   1. Erster Unter-Unterpunkt

      a. erste Information
      b. zweite Information
      c. dritte Information

   2. Zweiter Unter-Unterpunkt

      a. erste Information
      b. zweite Information
      c. dritte Information

   3. etc

B. Zweiter Unterpunkt usw.

   1. Erster Unter-Unterpunkt

      a. erste Information
      b. zweite Information

   2. Zweiter Unter-Unterpunkt

      a. erste Information
      b. zweite Information

II. Zweiter Hauptpunkt

A. Erster Unterpunkt

   1. Erster Unter-Unterpunkt

      a. erste Information
      b. zweite
      c. dritte

   2. Zweiter Unter-Unterpunkt usw.

Arbeitsblatt zur Hierarchie-Methode

Was ist zu vermeiden?

▶ Sich auf Ihr gutes Gedächtnis zu verlassen und nichts oder fast nichts zu notieren: 50% des Gehörten geht schon nach 24 Stunden verloren und 80%, wenn nicht mehr, nach zwei Wochen!
▶ Sich Notizen zu machen, obwohl Sie etwas nicht verstehen
▶ Alles niederzuschreiben, ohne das Wesentliche vom Unwesentlichen zu unterscheiden

Wie erhöhe ich meine Schreibgeschwindigkeit?

Ich habe jemanden gekannt, der schrieb sich in
8 nehmen und Hoch8ung, einen ver8en, und
er br8e anstatt er brachte. Ver9en (falsch).
Georg Christoph Lichtenberg

Sich Notizen zu machen verlangt manchmal ein schnelleres Schreiben – wobei man immer noch lesbar schreiben soll, um seine Aufzeichnungen selbst wiederlesen zu können.

▶ Lassen Sie zunächst alle unnötigen Wörter weg, insbesondere diejenigen, die kaum Informationen enthalten. So können Sie z.B. auf Artikel verzichten. Vorsicht: Lassen Sie niemals die logischen Beziehungswörter weg!
▶ Sie können auch Abkürzungen und Symbole verwenden, z.B. mathematische Symbole oder Ideogramme ($\pm \; \forall \; \exists \; < \; > \; \cong \; \leftrightarrow \; \in \; \notin \; \infty \Rightarrow \; \varphi$), Symbole (🕮 für Lesen/Literatur; † für tot usw.), griechische Buchstaben (φ für Philosophie; θ für Theologie; Σ für System; ψ für Psychologie usw.).
▶ Lassen Sie Zwischenbuchstaben weg – *Pb* für Problem, *Entwcklg* für Entwicklung, *Drstllg* für Darstellung usw.
▶ Notieren Sie nur die ersten Buchstaben des Wortes: *Geogr* für Geographie, *Ind* für Industrie usw.

ACHTUNG!

Vorsicht mit Abkürzungen und Zeichen!

▸ Schreiben Sie keine Abkürzung für ein neues Wort oder für ein Wort, das Sie nicht richtig verstehen.
▸ Achten Sie darauf, immer dasselbe Wort durch die gleiche Abkürzung oder das gleiche Zeichen zu ersetzen.
▸ Falls Sie zum Chaos neigen, könnte Ihnen ein Glossar mit der Bedeutung Ihrer unterschiedlichen Abkürzungen und Zeichen viel Verwirrung ersparen.

Wie merke ich mir den Lernstoff?

Jedermann klagt über sein Gedächtnis,
niemand über seinen Verstand.

François de La Rochefoucauld

Das Gedächtnis speichert Strukturen und braucht dafür organisierte Gefüge. Wenn Sie also etwas lernen wollen, sollten Sie sich immer nach der Rangordnung fragen:

▸ Welches sind die Hauptteile? Die Unterteile? Wie organisieren sie sich untereinander?
▸ Hierarchisieren Sie die Informationen: Merken Sie sich zunächst die allgemeine Struktur, dann können Sie sich auch Besonderes merken.
▸ Versuchen Sie nie, etwas zu behalten, das Sie nicht verstanden haben. Sonst müssen Sie mit langsamerem Memorieren, schnellerem Vergessen und bösen Überraschungen bei der Klausur rechnen.
▸ Verbinden Sie das Neue mit dem, was Sie schon wissen: Sie haben bestimmt gemerkt, dass Sie neue Informationen leichter behalten, wenn Ihnen das Thema schon vertraut ist, als wenn Sie es zum ersten Mal angehen.

ACHTUNG!

Worauf müssen Sie beim Lernen achten?

- ▶ Stellen Sie den Lernstoff zusammen.
- ▶ Legen Sie ein Gliederungsschema des Lernstoffs an.
- ▶ Formulieren Sie die Gliederungspunkte nacheinander in Fragen um.
- ▶ Schreiben Sie die Fragen auf und beantworten Sie diese schriftlich.
- ▶ Markieren Sie Wissenslücken.
- ▶ Markieren Sie Schlüsselbegriffe
- ▶ Setzen Sie die markierten Begriffe in Fragen um.
- ▶ Orientieren Sie sich beim Wiederholen an Ihren Wissenslücken.
- ▶ Wechseln Sie das Thema alle zwei Stunden.

Wie lange braucht man, um sich den Inhalt eines Textes zu merken? Die Frage wird seit längerem von Psychologen erforscht. So wurde z.B. gezeigt, dass man von einem Text weniger behält, wenn man ihn sechs Mal hintereinander liest, als wenn man nach jedem Lesen eine Pause von fünf Minuten einlegt. Oder man untersuchte den idealen Zeitraum zwischen zwei Lesephasen des gleichen Textes. Die Ergebnisse variieren zwischen zehn Minuten und 16 Stunden.

Was lässt sich daraus schließen? Den Text nach weniger als 10 Minuten wiederzulesen ist überflüssig: Man erinnert sich noch an fast alle wichtigen Informationen und prägt sich wenig Neues ein. Ein Wiederlesen des gleichen Textes 16 Stunden nach der ersten Lektüre ist zu spät: Man hat schon einen großen Teil davon vergessen – und so war die Arbeit beim ersten Memorieren umsonst.

Zwar sind diese Werte nicht als absolut zu betrachten. Sie sind aber ein deutlicher Hinweis darauf, dass eine angemessene Pausenzeit zwischen der ersten Lektüre und dem Wiederlesen für ein schnelles und effektives Memorieren sinnvoll – wenn nicht gar notwendig – ist.

PRAXIS

„Lernen ist wie das Rudern gegen den Strom: sobald man aufhört, treibt man zurück."

- ▶ *Stellen Sie sicher, dass Sie den Stoff gut verstehen.* Sollten Sie ihn nicht begreifen, holen Sie sich Hilfe beim Dozenten, bei Kommilitonen oder lesen Sie einen Einführungstext zum Thema.

▸ *Interessieren Sie sich für den Stoff.* Fragen Sie sich, was Ihnen das Lernen eines bestimmten Themas bringen kann, welche praktischen Anwendungen Sie finden können, fragen Sie sich, was das Thema mit Ihnen persönlich zu tun hat.

▸ *Setzen Sie sich Ziele.* Es ist leichter, etwas zu erledigen, wenn man ein klares Ziel hat. Welches sind Ihre Motivationen, wenn Sie etwas lernen, welchen Erkenntnisgewinn versprechen Sie sich davon? Welches Ziel wollen Sie damit erreichen?

▸ *Teilen Sie den Lernstoff in kleine Portionen auf.* Beim Lernen soll man – wie beim Essen – eine bestimmte Menge nicht überschreiten. Sonst ist das Gedächtnis gesättigt und kann nichts Neues aufnehmen. Weiterzulernen bedeutet dann nur Anstrengung und Zeitverlust.

▸ *Lernen Sie möglichst immer zur gleichen Uhrzeit.* Dadurch werden Sie Ihr Gehirn konditionieren: Es wird sich die Zeit merken, in der es arbeiten muss und sich darauf vorbereiten. Morgens beim Aufstehen oder abends vor dem Einschlafen sind besonders günstige Momente für das Lernen.

▸ *Wiederholen Sie das Gelernte häufig.* Für dauerhaftes Lernen ist ein mehrmaliges Lesen des Lernstoffs effektiver als einmaliges Pauken und Auswendiglernen. Wenn Sie den Lernstoff einmal gelesen und gelernt haben, lesen Sie ihn am nächsten Tag gleich nochmal: Sie vergessen ja das meiste nach den ersten 16 Stunden.

▸ *Beginnen Sie mit den leichtesten Stellen.* Sie werden sie sich besser merken, werden schneller lernen – was Sie wiederum zum Weiterlernen motivieren wird.

▸ *Arbeiten Sie regelmäßig.* Wie beim sportlichen Training ist eine regelmäßig (täglich ein bisschen, progressiv (täglich etwas mehr) und kontinuierlich durchgeführte Arbeit leichter zu erledigen.

▸ *Konditionieren Sie Ihre Psyche.* Effizientes Lernen hat viel mit Selbstvertrauen zu tun. Überzeugen Sie sich davon, dass Sie Hindernisse bewältigen und Erfolg haben werden.

Wie gehe ich mit Karteikarten um?

*Ich kannte einen, der die Bildung in der
Westentasche hatte, weil dort mehr Platz
war als im Kopf.*
Karl Kraus

Oft, insbesondere für Prüfungen, muss ein bestimmter Stoff auswendig beherrscht werden. Sowohl für das Auswendiglernen als auch für die Aneignung von Grundlagenwissen ist ein Karteikasten eine sehr effektive Lernunterstützung. Gut beschriftete Karteikarten sind das ganze Studium über verwendbar und bilden eine kontinuierlich wachsende Arbeitsgrundlage.

Sie können Karteien erstellen,
▸ für jedes Thema, das Sie sich merken wollen;
▸ für die Kenntnisse, die Sie regelmäßig brauchen;
▸ für alles, was Ihnen schwer fällt zu behalten, das Sie aber in Kürze benötigen werden.

Schauen Sie regelmäßig in Ihren Karten nach, um Informationen aufzunehmen bzw. Ihr Wissen aufzufrischen. So werden Sie sich eine effektive und wenig anstrengende Arbeitsdisziplin aneignen: Durch progressives Lernen und regelmäßiges Wiederholen werden Sie mehr von Ihrem Stoff besser behalten als bei einer einzelnen anstrengenden Lernsitzung.
   Eine klassische Mnemotechnik ist der Karteikasten nach Sebastian Leitner. Es handelt sich um einen Kasten mit fünf Fächern, jeweils 1cm, 2cm, 4cm, 8cm und 16 cm groß. Falls Sie nichts entsprechendes im Handel finden, können Sie ihn leicht selbst aus Holz oder Pappe bauen.

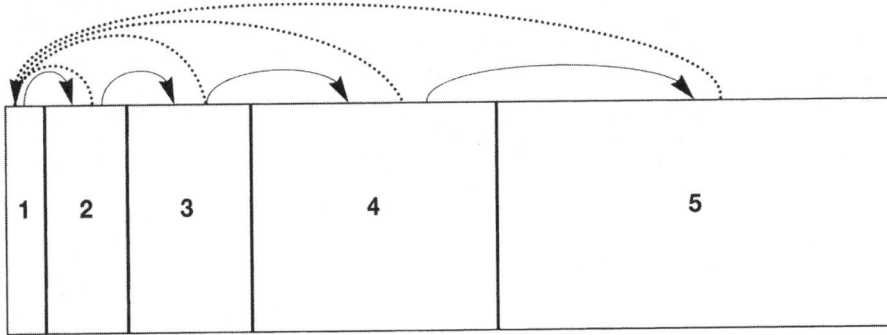

Benutzung eines Karteikastens als „Lernmaschine"

Mit dieser „Lernmaschine" kann man sich von der Grundschule bis zur Universität jeden Stoff aneignen.

So gehen Sie dabei vor:

Notieren Sie auf eine Karte den zu lernenden Stoff: Auf der Vorderseite die Frage, auf der Rückseite die Antwort.

Um zu lernen, gehen Sie täglich folgendermaßen vor (Regelmäßigkeit ist erforderlich, wenn Sie Fortschritte machen wollen):
▶ Nehmen Sie eine Karte.
▶ Lesen Sie die Frage.
▶ Beantworten Sie sie.
▶ Überprüfen Sie Ihre Antwort auf der Rückseite der Karte.

Ordnen Sie alle neuen Karten in das 1. Fach. Am nächsten Tag überprüfen Sie Ihre Kenntnisse, indem Sie die Karte aus dem 1. Fach herausziehen und die Frage erneut lesen:
▶ Wissen Sie die Antwort? Dann wandert die Karte ins 2. Fach.
▶ Wissen Sie die Antwort nicht? Dann bleibt die Karte im 1. Fach.
Wenn das 2. Fach voll ist, nehmen Sie sich dieses vor. Wieder verfahren Sie wie beim 1. Fach:
▶ Nehmen Sie eine Karte, lesen Sie die Frage usw.
▶ Wenn Sie die Antwort wissen, wandert die Karte ins 3. Fach.
▶ Wenn Sie die Antwort nicht wissen, kehrt sie zurück zum 1. Fach.
Merke: Das 1. Fach muss jeden Tag bearbeitet werden!

Es gibt unzählige Möglichkeiten, einen solchen Karteikasten einzusetzen. Die Methode gestattet Selbstprüfung und Selbstauswertung im eigenen Rhythmus: Sie entscheiden selbst über die Zeit, die Sie brauchen, bevor Sie die Antwort überprüfen oder bestimmen selbst über die Menge der Karten, die Sie lernen wollen. Zu zweit oder in der Gruppe kann daraus ein unterhaltsames Spiel werden. Für folgende Fachgebiete ist diese Technik besonders geeignet:

Fremdsprachen. Wollen Sie Vokabeln lernen? Auf der Vorderseite notieren Sie das deutsche Wort, auf der Rückseite das entsprechende Wort in der Zielsprache. Wenn Sie Vokabeln lernen, ist es ratsam, nicht nur ein Wort zu notieren, sondern gleich einen Satz, in dem das Wort vorkommt und wo es sich aus dem Kontext klar erkennen lässt. Wenn Sie ausreichende Sprachkenntnisse haben, so können Sie diesen Karteikasten ausschließlich in der Zielsprache anlegen: Verwenden Sie Synonyme, stellen Sie Fragen usw. Dadurch erhöhen Sie Ihren Wortschatz und gewöhnen sich daran, in der Fremdsprache zu denken.

TRICK

Ein Geschlecht, eine Farbe.

Lassen Sie das visuelle Gedächtnis mitarbeiten. Sie werden sich z.B. das Geschlecht der Substantive besser einprägen, wenn Sie die Worte in verschiedenen Farben notieren, z.B. rot für das Femininum, blau für das Maskulinum und grün für das Neutrum.

Mathematische Formeln. Auf der Vorderseite: *Was ist der Sinus eines Winkels?* Auf der Rückseite: *Gegenkathete des Winkels/ Hypotenuse* usw.

Geschichte. Sie wollen Fakten, Daten oder Namen behalten? Sie können z.B. auf der Vorderseite der Karte eine Frage notieren (*Welcher Vertrag wurde nach der Entlassung Bismarcks nicht verlängert?*) und die Antwort auf der Rückseite.

PRAXIS

Gute Karteikarten

► Wählen Sie einen hinreichend festen Karton für Karteikarten, die Sie oft benutzen werden.
► Je sorgfältiger Sie eine Karteikarte beschriften, desto größer die Chancen, dass Sie ihren Inhalt am nächsten Tag noch wissen.
► Je kleiner die Einheiten sind, in die Sie den Lernstoff einteilen, umso präziser werden Sie die Fragen formulieren – und desto leichter können Sie die Informationen speichern.
► Achten Sie darauf, alles korrekt zu notieren, damit Sie nicht versehentlich orthographische Fehler mitlernen.
► Versuchen Sie, leserlich zu schreiben.
► Benutzen Sie Bilder, Farben, Schemata usw.

Wozu aber fünf Fächer und in verschiedenen Größen? Im 1. Fach gibt es nur Raum für einige Karten, während die anderen immer größer werden. Warum? So arbeitet das Gedächtnis. Da man erst ein Fach bearbeitet, wenn es voll ist, werden die Fächer immer größer, und man braucht länger, bis ein Fach mit Karten gefüllt ist, die man beherrscht. Das bedeutet, dass der Inhalt einer Karte nur gerade dann wieder in Erinnerung gebracht wird, wenn wir beginnen, ihn zu vergessen. Wenn man also am Ende eines Monats – dem Zeitpunkt, an dem man beginnen sollte, das 5. Fach zu bearbeiten – die Frage auf der Karte beantworten kann, so kann man davon ausgehen, die Antwort auch noch in einem Jahr zu kennen.

Wie aktiviere ich mein Gedächtnis?

*Nicht was der Mensch ißt, sondern was er
verdaut, macht ihn stark; nicht was wir
gewinnen, sondern was wir sparen, macht uns
reich; nicht was wir lesen, sondern was wir im
Kopf behalten, macht uns gescheit.*
Francis Bacon

Will man sich eine Information merken, muss man sie mit anderen, bereits im Gedächtnis gespeicherten Inhalten verbinden. Manche können sich besser Wörter merken, andere Bilder – viele lassen dabei vor allem eine Gehirnhälfte arbeiten, während sie die andere kaum beanspruchen. Man kann aber schneller und besser arbeiten und Daten nachhaltiger speichern, wenn man beide Hirnhälften aktiviert. Im Folgenden finden Sie eine Übung für diejenigen Leser, die Schwierigkeiten haben, Informationen mit Bildern zu verknüpfen. Es geht darum, die Assoziationsfähigkeit beim Hören eines Textes zu trainieren. Man stellt sich die Handlung in Bildern vor – gleichsam die Vorführung eines „inneren Films".

▶ Hören Sie eine Textaufnahme. Besonders geeignet sind am Anfang Hörspiele und Radioberichte – abstraktere Texte können in einer fortgeschrittenen Phase eingesetzt werden.

▶ Schließen Sie die Augen und hören Sie zu. Konzentrieren Sie sich dabei auf die Bilder, die Ihr Gehirn produziert.

▶ Nach dem Hören lassen Sie diesen „Film" vor Ihrem inneren Auge ablaufen.

▶ Beginnen Sie mit kurzen Hörphasen – zwei Minuten am ersten Tag, drei am zweiten und jeden Tag eine Minute länger.

▶ Wenn Sie zu Beginn Schwierigkeiten haben, machen Sie sich keine Sorgen, sondern wiederholen Sie täglich diese Übung.

Variante: Bitten Sie einen Bekannten, Ihnen einen Text vorzulesen. Wie bei der o.g. Übung sollten Sie eher mit einer Geschichte oder einem Zeitungsartikel als mit abstrakten Texten beginnen, und zwar mit kurzen Sequenzen, die Sie allmählich verlängern können. Schließen Sie die Augen, hören Sie zu, und lassen Sie dabei die Bilder vor Ihren geschlossenen Augen ablaufen. Wenn der Text zu Ende ist, führen Sie sich nochmals den „Film" vor und erzählen Sie ihn Ihrem Vorleser.

Wie prägen sich Bilder besser ins Gedächtnis ein?

▶ Bewegen Sie die Figuren und Bilder, visualisieren Sie sie dreidimensional: Die Bewegung schafft Anknüpfungspunkte für neue Assoziationen und unterstützt das Erinnern.

▶ Verwenden Sie witzige Bilder: Je komischer, absurder oder grotesker die Vorstellungen, umso besser prägen sie sich ein.

▶ Dehnen Sie Form und Größe, verstärken Sie den Ton und die Farben. Das Gedächtnis kann Außergewöhnliches besser speichern.

▶ Suchen Sie nach ausdrucksvollen, lebhaften Bildern und Symbolen. Vermeiden Sie banale, langweilige oder gehaltlose Bilder, denn sie sind schwerer zu behalten.

▶ Verwenden Sie alle Ihre Sinne: Benutzen Sie Farben, Gerüche, Geräusche, Geschmackseindrücke oder Tastempfindungen. Zum Geheimnis eines guten Gedächtnisses gehören auch die Verwendung und das Kombinieren aller fünf Sinne.

Visuelle Mnemotechniken

Das beste Gedächtnis hat bekanntlich die Nase!
Kurt Tucholsky

Mnemotechniken sind Gedächtnis- und Merkhilfen jeder Form (Merksätze, Reime, „Eselsbrücken", Schemata, Grafiken oder Bilder). Es geht meistens um elementare Techniken, die allerdings die Gedächtnisleistung um ein Vielfaches steigern können: Lerninhalte werden gehirngerecht gespeichert, so dass sie später leicht wieder abgerufen werden können. Wir werden uns hier auf visuelle Mnemotechniken konzentrieren. Sie können helfen, lange oder komplexe Zusammenhänge effektiv im Gedächtnis zu verankern. Ihr Grundprinzip besteht darin, Informationen in Bilder umzuwandeln und diese in einer logischen Abfolge – z.B. als Geschichte – anzuordnen. Hat man sich eine Abfolge von Informationen mit Hilfe einer visuellen Mnemotechnik eingeprägt, wird man sie noch lange Zeit später wiedergeben können – und zwar in der richtigen Reihenfolge.

Einen Prozess in Bilder übersetzen

Ein Beispiel: Ich will mir den biologischen Prozess einer Stressreaktion einprägen. Ich gehe von der Beschreibung im Lehrbuch aus und versuche, für jede

Körperfunktion ein Bild zu finden, und diese Bilder zu einer Geschichte zu verbinden:

Alarm im Hauptquartier (= dem Hypothalamus): Es droht eine Gefahr. Sofort schickt das Hauptquartier auf zwei Wegen Instruktionen los, um sicher zu stellen, dass alle Stellen informiert werden: Auf dem Wasserweg (= der Blutbahn) warnt er die Kommandozentrale (= die Drüsen); Botschaften (= Hormone) werden an die verschiedenen Außenposten weitergeleitet. Durch Stromkabel (= Nervenbahnen) werden der Armee (= den Muskeln) Befehle (= Adrenalin und Noradrenalin) erteilt.

Die Ortsmethode

Sie haben bestimmt schon festgestellt, wie leicht sich das Gehirn den Grundriss eines Gebäudes merkt. Wenn Sie die Augen schließen, werden Sie keine Schwierigkeiten haben, den Plan Ihres Hauses oder Ihrer Wohnung zu visualisieren, auch wenn Sie nie bewusst darauf geachtet haben: Er hat sich Ihrem Gedächtnis auf natürliche Weise eingeprägt. Sie können das sofort ausprobieren: Schließen Sie die Augen, „schauen" Sie auf Ihre Wohnungstür; öffnen Sie sie, treten Sie ein: Sie „sehen" die Wände, den Fußboden, die Decke usw.

KURZ ANGEMERKT

Simonides von Ceos

Als Erfinder der Mnemotechnik gilt der griechische Lyriker Simonides von Ceos (556-468 v. Chr.). Er nahm an einem Festmahl teil, als die Hausdecke einstürzte. Als einziger Überlebender half er bei der Identifizierung der Leichen dadurch, dass er sich erinnern konnte, wer vor dem Unglück wo gesessen hatte. So entdeckte er eine direkte Verbindung zwischen Erinnerung und Ort und entwickelte die sog. Gedächtniskunst. Redner verwendeten sie, um sich ihre Rede einzuprägen.

Diese Methode zielt darauf ab, Inhalte in einen übergeordneten, festen Zusammenhang zu bringen, bei dessen Wiedergabe die genaue Reihenfolge eingehalten wird. Diese feste Struktur kann ein Raum oder ein Weg sein. Wichtig ist, dass jede Information einen eindeutigen Platz zugewiesen bekommt.

Einprägung durch einen bekannten Weg

Visualisieren Sie einen Ihnen bekannten Weg, z.B. den von Ihrer Wohnung zum Supermarkt. Reihen Sie die Schaufenster, die Hausfassaden, die Bäume, den Park etc auf.

▸ Notieren Sie den zu lernenden Stoff auf Merkzettel – ein Merkzettel pro Hauptpunkt. Ordnen Sie die Merkzettel in der Abfolge, die Sie memorieren wollen.

▸ Gehen Sie mental den Weg entlang, identifizieren Sie die wichtigsten Merkmale der Strecke: Diese werden Ihre Anhaltspunkte sein.

▸ Ist der Parcours klar? So setzen Sie vor Ihrem inneren Auge einen der Hauptpunkte zu jeweils einem Anhaltspunkt. Achten Sie dabei auf die Reihenfolge, in der diese Anhaltspunkte vorkommen. Sie können zur Hilfe auf Ihrem Merkzettel den entsprechenden Ort notieren.

▸ Gehen Sie dann mental Ihre Strecke ab und erinnern Sie sich an den Inhalt dessen, was Sie dort deponiert haben. Wiederholen Sie den Spaziergang (mit immer denselben Stationen und den dorthin gestellten Inhalten) so lange, bis Sie das Thema beherrschen.

Je bizarrer, lustiger oder schockierender das Bild ist, mit dem Sie die zu memorierende Information verbinden, um so besser werden Sie diese behalten.

Einprägung durch ein Gebäude

Visualisieren Sie jeden Teil des Gebäudes: Eingangstür, Flur, Treppe, die unterschiedlichen Zimmer (Wohnzimmer, Schlafzimmer, Badezimmer, Küche, Kammer usw.).

Setzen Sie in jedes dieser Zimmer die wichtigsten Fakten, Ideen oder Gegenstände (die „Titel" jedes zu memorierenden Hauptteils des Lernstoffs). Dann visualisieren Sie die verschiedenen Teile eines Zimmers, wie z.B.:

▸ linke Ecke
▸ linke Wand
▸ nächste Ecke
▸ gegenüberliegende Wand
▸ nächste Ecke
▸ rechte Wand
▸ Fußboden
▸ Decke

Achten Sie darauf, die Zimmer immer in der gleichen Reihenfolge zu visualisieren. Ordnen Sie dann jedem dieser Teile eine Tatsache, eine Idee oder einen Gegenstand zu, den Sie sich merken wollen.

▶ Besuchen Sie nun das erste so eingerichtete Zimmer in Ihrer Phantasie und betrachten Sie der Reihe nach die dort untergebrachten Gegenstände.
▶ Dann gehen Sie zum nächsten Zimmer usw.
▶ Verwenden Sie für zusätzliche Informationen ebenfalls andere Gegenstände im Zimmer (z. B. Möbel, Lampe, Fensterbrett).
▶ Wichtig ist, dass Sie die Vorbereitungsphase sorgfältig angehen. Dadurch können Sie, wenn Sie eine Information abrufen wollen, einfach der Strecke folgen, die Sie bestimmt haben.

Wenn ich mir z.B. den Verlauf der französischen Revolution von 1848 einprägen will, verfahre ich wie folgt:
▶ Ins Erdgeschoss setze ich die Vorzeichen der Revolution.
▶ Im 1. Stock nehme ich die provisorische Regierung an.
▶ In den 2. Stock setze ich den Juniaufstand.

Beginnen wir mit dem Erdgeschoss.
▶ An der Türschwelle sehe ich wütende Menschen und Arbeitslose. Ich höre sie schreien.
▶ Im Flur sehe ich die Vorzeichen der Revolution.
▶ Im 1. Zimmer links – dem Wohnzimmer – den 22. Februar: die Massenunruhen.
▶ Im 2. Zimmer – der Küche – die Abdankung des Königs Louis-Philippe.
▶ Im Zimmer rechts – dem Schlafzimmer – den 24. Februar: die Bildung der provisorischen Regierung.

Nun werde ich die verschiedenen Teile den jeweiligen Zimmern zuordnen:

Der Flur
▶ Vor der linken Wand steht der Dichter Lamartine auf der Kommode mit breit geöffneten Armen: Er hält eine Rede, in der er gegen die Maßnahmen der Regierung protestiert.
▶ In der Ecke sehe ich winzige weinende Menschen. Vor ihnen steht ein großer drohender Mann: Es sind die Reformisten, deren Festmahl vom Minister (dem großen Mann) verboten worden ist.
▶ Auf der gegenüberliegenden Wand sind Blätter angebracht: Es sind die Demonstrationsaufrufe der Zeitungen *Le National* und *La Tribune*.
▶ In der Ecke zerfetzt der gleiche große Mann Papierblätter und zerknüllt sie zu Kugeln. Es sind die gleichen Zeitungen, diesmal zerrissen: Der Minister hat die Demonstration verboten.
▶ Auf dem Boden spielen die anderen Minister mit den Papierkugeln Fußball: Sie freuen sich, denn sie glauben, die Revolution verhindert zu haben.
▶ Aber von der Decke schaukeln unzufriedene Menschen: Etwas bahnt sich an.

Das Wohnzimmer
- Der Eingang ist durch Barrikaden versperrt.
- Vor der linken Wand brüllen Soldaten: Die Nationalgarde meutert.
- In der linken Ecke, die Hände hinter dem Rücken, steht schluchzend der Premierminister Guizot: Er ist gerade zurückgetreten.
- An der gegenüberliegenden Wand ist ein Fenster. Es ist offen. Ein Windzug bläst herein, der Hauch der Freiheit wird spürbar. Auf dem Fensterbrett sitzend feiern die Abgeordneten den Rücktritt von Guizot.
- In der Ecke steht ein bewaffneter Soldat vor einer Leiche. Er hat auf einen Demonstranten geschossen.
- Die Wand rechts ist blutverschmiert: Es wurde weitergeschossen.
- Auf dem Boden liegen Tote und Verletzte. Zwischen ihnen stehen zornige Menschen. Die Massenunruhen beginnen erneut.
- An der Decke hängt eine Lampe, auf der jemand schaukelt: Es ist Thiers, der neue Premier. Menschen klammern sich an seine Beine und hängen in der Luft – es sind die Minister des neuen Kabinetts.

Dann suche ich die Küche auf usw.

TIPP

Eine Hauptinformation pro Zimmer

Es ist wichtig, die Gedanken in einer bestimmten Reihenfolge anzuordnen. Gehen Sie immer vom Allgemeinen zum Besonderen. Ein Zimmer enthält eine Hauptinformation, und nur eine. Wenn Sie sich die Abfolge der Inhalte gemerkt haben, können Sie die verschiedenen Komponenten den einzelnen Zimmern zuordnen.
Bei einer Klausur oder einem Referat brauchen Sie also „nur" die Strecke abzugehen: Sie werden sich nun mühelos erinnern, was Sie wo hingestellt haben.

Gustave Flaubert: Konzeptblatt zu „La légende de Julien l'Hospitalier" (1875/76)
(Bibliothèque nationale de France, Paris)

Sie wollen eine wissenschaftliche Arbeit verfassen. Sie werden dafür Literatur recherchieren, Texte auswerten und lesen. Ihre Leseergebnisse werden die Grundlage Ihrer Arbeit bilden. Womit sollen Sie aber anfangen? Wie vermeiden Sie unnötige Lektüren? Texte zu lesen, die einem nichts bringen, ist einfach deprimierend, wenn man viel zu tun hat. Zumal man beim Lesen nur sehr langsam vorankommt.

Darum sollte das Projekt sorgfältig vorbereitet werden: Je besser Sie Ihr Thema eingrenzen, desto zielgerichteter wird Ihre Literatursuche sein. Sie wissen es schon: Wenn Sie ein genaues Ziel haben, finden Sie auch den kürzesten Weg dorthin. Deswegen sollten Sie sich immer, auch für eine schriftliche Arbeit, ein konkretes Ziel setzten. Wenn Sie Angst haben, Ihr Ziel aus den Augen zu verlieren, notieren Sie es auf große Blätter und hängen Sie diese in Ihrem Arbeitszimmer auf.

Das folgende Kapitel wird einige Techniken vorstellen, die Ihnen das Lesen von wissenschaftlichen Texten erleichtern.

Kapitel 1: Eine Arbeit vorbereiten

Eine wissenschaftliche Arbeit will gut vorbereitet sein: Zuerst müssen Sie unbedingt Ihr Thema eingrenzen. Bestimmen Sie gleich, worüber Sie auf keinen Fall schreiben wollen, was Sie nicht interessiert. Schätzen Sie die Zeit, die Sie für die Bearbeitung des Themas brauchen, realistisch ein. Manche Hausarbeiten versuchen das Thema einer Dissertation zu behandeln – und scheitern. Deswegen sollten Sie Ihr Thema mit Ihrem Betreuer absprechen, bevor Sie mit der Literatursuche beginnen.

Wie führe ich ein Forschungsprojekt durch?

Nicht in die Ferne, in die Tiefe sollst du reisen.
Ralph Waldo Emerson

Um einen guten Überblick zu behalten und keinen wichtigen Schritt zu vergessen, teilen Sie Ihr Vorhaben am besten in kleine, überschaubare Aufgaben. Hier finden Sie die nötigen Arbeitsschritte auf einen Blick:

1. „Fahrplan" erstellen

– Den Vorbereitungsfragebogen ausfüllen (siehe S. 78)
– Ein Exposé verfassen (siehe S. 80)
– Das Exposé mit dem Betreuer besprechen
– Einen Arbeitsplan erstellen

2. Recherchieren

– Material suchen, auswerten und sortieren
– Leseergebnisse evaluieren, Texte exzerpieren, Exzerpte regelmäßig lesen (siehe S. 114)
– Ein wissenschaftliches Tagebuch oder Arbeitsjournal führen (siehe S. 76)
– Regelmäßig schreiben (Zusammenfassungen, Kommentare, Definitionen)
– Zwischenbilanzen ziehen (*Was habe ich schon gemacht? Was ist noch zu tun? Was muss ich in den nächsten Tage machen?*)

3. Rohfassung schreiben

– Exposé neu schreiben, ggf. mit dem Betreuer besprechen
– Fragestellung formulieren (siehe S. 133)
– Gedanken sammeln, ordnen, gliedern
– Erstentwurf schreiben
– Erstentwurf inhaltlich überarbeiten (siehe S. 148-171)

4. Redigieren

– Rohfassung sprachlich-stilistisch überarbeiten (siehe S. 172-182)
– Kapitelübergänge schreiben
– Schluss und Einleitung schreiben
– Korrekturlesen

Vermeiden:

– zu viele Parallelarbeiten und Verzettelung
– zu hohe Ansprüche
– recherchieren ohne vorherige Eingrenzung Ihres Themas und klare Zielsetzung
– zielloses Lesen
– chaotisches Anhäufen von Notizen und Fotokopien

Für Ihre Zeitplanung können Sie sich am der folgenden Arbeitsplan orientieren. Sie sieht eine Arbeit in 12 Wochen vor. Je nach Arbeitsumfang können Sie die Wochen durch Tage oder Monate ersetzen. Wichtig sind hier die Verhältnisse zwischen den verschiedenen Arbeitsschritten.

ARBEITSPLAN:	Eine Forschungsarbeit durchführen

Woche / Arbeitsschritt	1	2	3	4	5	6	7	8	9	10	11	12
Vorbereitung & Gliederung	■						■					
Exposé	■						■					
Besprechung mit dem Betreuer (*)	■						■					
Materialsuche		▬▬▬▬										
Materialauswertung		▬▬▬▬										
Lesen, Exzerpieren, Arbeitsjournal			▬▬▬▬									
Arbeitsauswertung			■	■		■	■	■	■	■	■	
Erstentwurf							▬					
Inhaltliche Textüberarbeitung								▬▬				
Stilistische Textüberarbeitung											▬	
Technische Korrekturen												■
Textformatierung												■
Technische Aufgaben (Ausdruck, Vervielfältigung, Buchbindung usw.)												■

*Selbstverständlich sind diese beiden Treffen mit Ihrem Betreuer nicht die einzigen. Es ist aber ratsam, sich besonders vor diesen beiden wichtigen Phasen (Materialsuche und Beginn des Schreibens) mit ihm zu beraten.

Wozu ein Arbeitsjournal?

Denken um zu schreiben um zu denken.
Manfred Hinrich

Schreiben ist ein heuristischer Prozess. Das bedeutet, dass sich Gedanken beim Schreiben entwickeln, klären, vertiefen. Gute Gedanken werden selten in einer Nacht geboren. Sie sind meistens das Ergebnis von vielem Denken und Nachdenken, von Diskutieren, von Lesen und von Schreiben. Sie entstehen aus zahlreichen Versuchen, von denen manche fruchtbarer als andere sind. Manche werden im Laufe des Denkprozesses wieder verblassen, während andere allmählich Form und Gestalt annehmen.

Dabei haben Sie vielleicht schon beobachtet, dass Ihnen die besten Gedanken nicht unbedingt am Schreibtisch kommen, sondern beim Spaziergang, bei einer Diskussion usw. Aber Gedanken sind flüchtig: Werden sie nicht sofort aufgegriffen, läuft man Gefahr, dass sie wieder entschwinden. Darum sollte man sie sofort niederschreiben. Am besten in einem gebundenen Heft, so dass nichts verloren gehen kann: Im Arbeitsjournal oder wissenschaftlichen Tagebuch.

PRAXIS

Was kann man im Arbeitsjournal notieren?

- ▶ Gedanken, Einfälle
- ▶ Fragen, problematische Punkte
- ▶ Definitionen von Begriffen
- ▶ Beobachtungen, gehörte Ideen, Anregungen
- ▶ Kurze Texte, die einen Punkt Ihres Themas behandeln
- ▶ Gliederungsentwürfe
- ▶ Titelentwürfe
- ▶ Entwürfe für Einleitung und Schluss
- ▶ Entwürfe für den ersten Satz der Einleitung oder den letzten Satz des Schlusses.
- ▶ Wöchentliche Bilanzen
- ▶ Probleme beim Schreibprozess
- ▶ Reflexionen über den Schreibprozess

Wenn Sie regelmäßig im Arbeitsjournal schreiben und Gedanken zu Ihrem Thema entwickeln, werden Sie sehen, wie diese an Klarheit gewinnen. Sie werden dann weniger Mühe haben, eine gute Gliederung zu erstellen, und das Schreiben

Ihrer Hausarbeit wird Ihnen leichter fallen. Denn erst klare Gedanken ergeben eine klare Struktur und man findet die passenden Worte, um sie auszudrücken.

TRICK

Sie haben keine Lust zu schreiben?

Nutzen Sie jeden Anlass, um zu schreiben. Tun Sie es insbesondere, wenn Sie jedoch keine Lust haben zu schreiben. Versuchen Sie jeden Tag einen Moment dafür einzurichten. So wird das Schreiben zur Routine und seinen Schrecken verlieren. Das wirksamste Mittel, um den „inneren Schweinehund" zu zähmen, ist die Regelmäßigkeit.

Wie bereite ich eine Forschungsarbeit vor?

Wohl begonnen ist halb gewonnen.

Horaz

Ob Seminararbeit, Examensarbeit oder Dissertation – eine Forschungsarbeit ist wie eine Expedition ins Unbekannte. Zuallererst muss die Forschungsreise gewissenhaft vorzubereitet werden. Dazu ist einiges zu klären:

► Die eigene Motivation: Was interessiert mich an dieser Reise? Warum?
► Das Ziel: Was will ich mit der Expedition erreichen?
► Die Etappen: Was will ich erkunden, wie ausführlich?
► Die Fahrtwege: In welcher Reihenfolge will ich was erkunden?
► Die Transportmittel: Was brauche ich, um mich fortzubewegen?
► Die Nahrungsmittel: Wovon werde ich mich ernähren, was brauche ich unbedingt, wo finde ich was?
► Die Zeit: Welche Zeit steht mir insgesamt zur Verfügung? Wie will ich sie einteilen?

Je sorgfältiger Sie Ihre Forschungsarbeit planen, desto interessanter wird sie für Sie sein und ihre Durchführung wird Ihnen leichter fallen.

Nehmen Sie sich Zeit, um Ihr Projekt gründlich vorzubereiten und Ihr Thema zu klären. Die folgenden Fragen (S. 78) sollen dabei helfen. Beantworten Sie sie schriftlich und zwar, wenn nichts anders vorgegeben ist, im Fliesstext mit vollständigen Sätzen. Sie werden feststellen, wie sich Ihre Gedanken beim Schreiben entwickeln und klären. Grübeln Sie nicht allzu lange, schreiben Sie spontan, was Ihnen einfällt. Je zügiger Sie schreiben, desto besser werden Sie sich Klarheit über Ihren Gegenstand verschaffen.

| ARBEITSBLATT: | Vorbereitung einer wissenschaftlichen Arbeit |

Thema:
Was motiviert mich zu dieser Arbeit? (Siehe Seite 41-42)
Was interessiert mich besonders an meinem Thema? Warum?
Was möchte ich auf keinen Fall behandeln?
Worauf will ich mich beschränken?
Gegen wen oder was will ich schreiben? (Siehe Seite 154-155)
Wer ist mein Adressat, wem will ich das Problem erklären, das ich behandle? (Siehe Seite 147)
Welchen persönlichen und biographischen Bezug habe ich zum Thema, was ist mir aus meiner eigenen Lebenserfahrung bekannt?
Welche Bilder, Assoziationen, Sätze, Gedanken, Werke fallen mir ein, wenn ich an mein Thema denken? (Machen Sie ein Brainstorming oder ein Assoziogramm: Schreiben Sie alles, was Ihnen einfällt quer über ein Blatt – Siehe Seite 136-137).
Welche Fragen stelle ich mir, wenn ich an das Thema denke? (Notieren Sie zunächst alle Fragen).
Welche von diesen Fragen möchte ich in meiner Arbeit behandeln, bearbeiten oder beantworten?
Was ist das wissenschaftliche Problem, das ich in meiner Arbeit untersuchen will? (Siehe Seite 132 ff.)
Unter welchem Aspekt will ich dieses Problem bearbeiten?
Was ist mir an dem Thema vertraut? Was kenne ich, was weiß ich schon über das Thema?
Was weiß ich noch nicht? Über welche Teile muss ich noch etwas lesen?
Wie will ich meine Gedanken gliedern? (Entwerfen Sie eine erste grobe Gliederung für die geplante Arbeit)

TIPP

Haben Sie Schwierigkeiten, eine Gliederung zu erstellen?

Oft blockiert das verkrampfte Suchen nach einer Gliederung den natürlichen Gedankenfluss. Wenn Sie sich aber mit Ihrem Thema auseinandersetzen, können Sie sicher sein, dass sich Ihre Gedanken größtenteils schon von selbst geordnet haben. Fällt es Ihnen schwer, eine Gliederung zu entwerfen, so versuchen Sie es mit einem Brief: Berichten Sie einem Freund über Ihr Forschungsprojekt: Worum handelt es sich? Was motiviert Sie dazu? Welcher Frage (oder welchen Fragen) wollen Sie nachgehen? Warum? So können Sie die Haupt- und die Nebengedanken erkennen und eine erste grobe Gliederung erstellen. Vielleicht hilft es Ihnen, sie mit Hilfe einer Mindmap oder eines Assoziogramms zu visualisieren (Siehe S. 140 ff. Wie visualisiere ich eine Gliederung?)

Wie stelle ich meinem Betreuer mein Projekt vor?

„Würdest du mir bitte sagen, welchen Weg
ich einschlagen soll?" „Das hängt zu einem
guten Teil davon ab, wo du hinwillst", sagte
die Katze.
Lewis Caroll

Wo wollen Sie hin? Eine Arbeit muss ein klares Ziel haben. Dieses ergibt sich aus Ihrer Motivation. Erst wenn Sie herausfinden, was genau Sie am Thema interessiert, können Sie Ihr Ziel bestimmen. Darum sollten Sie sich klar machen, was Sie zu dieser Arbeit motiviert, was Sie besonders interessiert und warum. Ist Ihre Motivation für Sie nicht klar, werden Sie Schwierigkeiten haben, ein klares Ziel zu formulieren.

Achten Sie darauf, sich nur ein einziges Ziel zu setzen. Sollten Sie mehrere Ziele haben, fragen Sie sich, welches das Endziel ist und welches die Zwischenziele. Stellen Sie sich vor, Sie machen einen Spaziergang. Sie werden nur ein einziges Ziel erreichen können, aber vielleicht brauchen Sie Zwischenziele für die verschiedenen Etappen. Je präziser, je konkreter das Ziel, umso besser werden Sie den direkten Weg dorthin finden.

Verfassen Sie ein Exposé – d.h., die genaue Beschreibung Ihres Forschungsprojekts. So werden Sie Klarheit über Ihr Vorhaben gewinnen und Ihrer Arbeit ein genaues Ziel geben. Schreiben Sie es schon zu Beginn Ihrer Arbeit, d.h. noch vor der Materialsuche. Auf der folgenden Seite finden Sie Anregungen für das Verfassen Ihres Exposés.

ARBEITSBLATT: **Das Exposé**

Thema:

Meine Motivation für die geplante Arbeit:

Eine kurze Beschreibung der geplanten Arbeit:

Fragen, die mich dabei beschäftigen und die ich beantworten, behandeln oder bearbeiten will:

Zielsetzung der Arbeit:

Quellen, auf die ich mich stützen will und in welchem Umfang:

Welche Methoden ich eventuell anwenden will:

Meine Fragestellung (Siehe Seite 133: Wie erarbeite ich eine Fragestellung?)

Eine vorläufige (ausformulierte) Gliederung:

Einen Zeitplan, in dem ich das Thema bearbeiten will:

Probleme, die noch zu lösen sind:

PRAXIS

Das Ziel finden

Fragen Sie sich: Welchen Erkenntnisgewinn verspreche ich mir von dieser Arbeit? Je klarer und genauer Sie das Ziel formulieren, umso besser werden Sie es erreichen. Solange Sie mehrere Sätze oder komplizierte Formulierungen brauchen, um es auszudrücken, ist Ihr Ziel noch nicht klar. Sie müssen es knapp und präzise formulieren können.

Zum Beginn einer Arbeit ist es ratsam, Ihr Projekt mit Ihrem Betreuer zu besprechen. Das Einreichen des Exposés in schriftlicher Form schafft eine konkrete Diskussionsbasis und Ihr Dozent kann Ihnen präzise Rückmeldung und konkrete Ratschläge geben. (Sollte Ihr Betreuer Sie aus Zeitgründen nicht beraten können, so suchen Sie Rat bei fachkundigen Ansprechpartnern (Hochschullehrern, wissenschaftlichen Mitarbeitern, Lehrbeauftragten, Tutoren, erfahrenen Studierenden usw.). Wichtig ist, dass Sie sich mit jemandem beraten, bevor Sie mit der Recherche anfangen.

Das Exposé enthält die einleitenden Gedanken für Ihre Arbeit. Darum muss es sorgfältig aufbewahrt werden, denn Sie werden es am Ende des Schreibens beim Verfassen der Einleitung gebrauchen können.

Wo finde ich Informationen?

suchen wissen
ich was suchen
ich nicht wissen was suchen
ich nicht wissen wie wissen was suchen
ich suchen wie wissen was suchen
ich wissen was suchen
ich suchen wie wissen was suchen
ich wissen ich suchen wie wissen was suchen
ich was wissen
Ernst Jandl

Vielleicht fühlen Sie sich am Anfang überfordert und wissen nicht, wo Sie anfangen sollten zu suchen. Um sich zunächst ein Bild von Ihrem Thema zu machen, können Sie auf verschiedene Quellen zurückgreifen:
▶ Internet und Datenbanken können Ihnen, wenn Sie Schlüsselbegriffe Ihres Themas eingeben, eine Reihe von Publikationen liefern. Jedoch muss jede

Information aus dem Netz mit Vorsicht übernommen werden (Siehe S. 95: Wie bewerte ich eine Information aus dem Netz?)

▸ die englische *Encyclopædia Britannica* (http://www.britannica.com). Kostenpflichtig. Jedoch kann der Beginn der Artikel kostenlos konsultiert werden. Viel Information von hoher Qualität.

▸ die Online-Enzyklopädie *Wikipedia* (http://de.wikipedia.org). Zwar können Sie dadurch einen Überblick über das Thema gewinnen und bei vielen Artikeln weiterführende Literatur oder Weblinks finden. Jedoch müssen Sie wachsam sein: *Wikipedia* ist ein Projekt, an dem jeder teilnehmen und eigene Artikel veröffentlichen kann, d.h. aber auch Halbwahrheiten, wenn nicht sogar Fehlinformationen enthalten können.

▸ allgemeine und spezialisierte Lexika

▸ Fachwörterbücher bieten häufig eine kurze Bibliographie am Ende eines Artikels. Benutzen Sie nach Möglichkeit die neuesten Ausgaben.

▸ Die Literaturverzeichnisse in aktuellen Büchern und Artikeln zum Thema informieren Sie über die klassischen Schlüsseltexte und liefern Angaben zu Neuerscheinungen der letzten Zeit.

▸ Sichten Sie besonders intensiv die Literaturverzeichnisse der zuletzt erschienenen wissenschaftlichen Publikationen.

▸ Vielleicht hat ihr Betreuer im Seminar ein Literaturverzeichnis verteilt oder kann Ihnen andere Autoren bzw. Literatur zu Ihrem Thema empfehlen.

Wie erstelle ich eine Bibliographie?

Wenn man weiß, was man nicht lesen muss,
hat man schon mehr Zeit für das, was sich zu
lesen lohnt.
Heinz Knobloch

Die Kunst der Bibliographieerstellung liegt in der richtigen Auswahl und Eingrenzung. Dabei erscheint oft alles gleich wichtig und interessant, und eine Auswahl zu treffen fällt oft schwer. Darum muss man sich fragen: *Was ist für mein Thema wirklich relevant?*

Erst denken, dann suchen, heißt das Motto: Je genauer Sie Ihr Thema formulieren, desto fokussierter wird Ihre Literaturrecherche sein. Es ist wichtig, dass Sie klären, was genau Sie herausfinden wollen, um sich unnötige Recherchen zu ersparen. Nehmen Sie sich Zeit dafür; schreiben Sie alle Ideen nieder, die Ihnen zu Ihrem Thema einfallen. Fragen Sie sich z.B.: *Wer? Was? Wann? Wo? Wie? Wie viel? Weswegen? Wozu?*

Ist das getan, können Sie mit Hilfe des folgenden Arbeitsblatts (S. 83) Ihre Recherche präzisieren.

ARBEITSBLATT: **Eine Recherche eingrenzen**

Thema:	
Was ich schon weiß:	Was ich wissen will:
Teilthemen, die mich besonders interessieren:	Teilthemen, die mich gar nicht interessieren:
Teilthemen, für die ich Informationen suche:	Welche Schlagworte beschreiben mein Thema?
Welche Informationsmenge suche ich? So viel wie möglich? Schlüsseltexte? Nur die neuesten Publikationen?	Welche Art der Information suche ich? (Populärwissenschaftliche Texte? Wissenschaftliche Literatur? Einführungstexte? Statistiken?)
Wie will ich das Thema eingrenzen? (Chronologisch? Geographisch? Theoretisch?)	In welchen Sprachen suche ich Informationen?

Fühlen Sie sich nach einer ersten Literaturauswahl immer noch unsicher? Dann lassen Sie sich von fachkundigen Ansprechpartnern (Hochschullehrern, wissenschaftlichen Mitarbeitern, Lehrbeauftragten, Tutoren, erfahrenen Studierenden usw.) beraten. Vermeiden Sie es jedoch, unvorbereitet nach Rat zu fragen: Treffen Sie lieber eine eigene Vorauswahl an möglicherweise interessanten Titeln und bitten Sie dann Ihren Ansprechpartner um Ergänzung oder Reduzierung der Liste.

Nach Ihrer ersten Materialsuche werden Sie wahrscheinlich vieles gefunden haben, vielleicht sogar zuviel. Nun stehen Sie vor einer weiteren Aufgabe: Sie müssen sich zunächst in einer ersten Orientierung darüber klar werden, welche Texte Sie tatsächlich lesen bzw. welche Textteile Sie intensiver bearbeiten wollen. Wie können Sie das Material sortieren und nur die für Sie relevanten Texte behalten? Werfen Sie einen Blick auf Ihre Checkliste EINE RECHERCHE EINGRENZEN, so dass Sie sich Ihre Anfangsziele wieder in Erinnerung rufen und ggf. neu formulieren können. Notfalls holen Sie sich den Rat Ihres Betreuers: Er kann Ihnen helfen, das Nützliche vom Überflüssigen zu trennen, oder Ihnen Informationen über den einen oder anderen Autor geben.

TIPP

Zunächst das Neue

In Anbetracht der raschen Entwicklungen in den Wissenschaften ist es ratsam, die neuesten Veröffentlichungen als erste zu sichten und die älteren zunächst beiseite zu lassen – es sei denn, es handelt sich um Klassiker des Themas: Dann verdienen sie auf jeden Fall einen Raum in Ihrer Arbeit.

Kapitel 2: Recherchieren

Sie haben Ihr Projekt vorbereitet, das Thema eingegrenzt, sich ein Ziel gesetzt und eine klare Fragestellung formuliert. Nun wollen Sie nach Material suchen. Die neueren technologischen Fortschritte ermöglichen uns Zugang zu zahlreichen Datenbanken und die Informationssuche selbst entwickelt sich ständig weiter. Damit Sie die Flut von Informationen verwalten und sinnvoll nutzen können, empfiehlt sich eine methodische Vorgehensweise.

Die Bibliothek: Ihre Werkstatt

Vexiergeschenk: Wenig Gehalt, viel Papier.
Wilhelm Buch

Vor einer Literaturrecherche müssen Sie sich auf jeden Fall erst einmal gut orientieren: Besuchen und erkunden Sie die örtlichen Bibliotheken und machen Sie diese zur vertrauten Werkstatt. Verschaffen Sie sich einen guten Überblick über den Bestand der örtlichen Bibliotheken. Lernen Sie, mit dem Online-Katalog (OPAC) umzugehen und Internetrecherchen durchzuführen.

TIPP

Hilfe holen

Bibliotheken bieten Einführungen und Schulungen an. Nehmen Sie dieses Angebot in Anspruch. Es wird Ihnen beim Studium auf jeden Fall eine große Hilfe sein. Heutzutage bieten Bibliotheken einen Link *Hilfe* auf ihren Webseiten. Besuchen Sie diese Seite, um zu erfahren, mit welchen Mitteln eine Recherche durchzuführen ist, denn jede Bibliothek hat ihr eigenes Suchsystem.

Die Medien einer bestimmten Bibliothek sind durch den Bibliothekskatalog zugänglich. Dieser hat die Form von Papierkarteien oder von digitalen Datenbanken, und ist meist auch über das Internet verfügbar. Ein Katalog kann unter verschiedenen Suchschlüsseln befragt werden: Autor, Titel, Thema, Titelstichwörter usw. Die Auswahl der Suchschlüssel und deren Kombination unterliegen festen Regeln. Um die Suche zu vereinfachen, werden Verbindungen zwischen den ausgewählten Begriffen und ihren Synonymen sowie mit den allgemeinen oder spezifischen Begriffen hergestellt.

PRAXIS

Sie wollen eine Recherche durchführen?

▶ Klären Sie, was Sie finden wollen – nehmen Sie sich die Zeit dafür.
▶ Geben Sie sich klare Ziele.
▶ Sichten Sie zunächst Einführungstexte zum Thema.
Notieren Sie die genauen bibliographischen Angaben und die Signatur der für Sie voraussichtlich relevanten Texte, um sich eine neue Suche zu ersparen, wenn Sie das Buch bestellen wollen.

Vorsicht! Ein Katalog enthält nicht immer alle in der Bibliothek vorhandenen Medien. Den Zugang zu den bibliographischen Angaben bestimmt die Datenbankorganisation. Deswegen sollen Sie sich mit ihr vertraut machen. Vor Beginn einer Recherche ist es darum hilfreich, einiges über die Organisation eines Katalogs in Erfahrung zu bringen:

▶ Was ist sein genauer Bestand?
▶ Welche Zeitperiode umfasst er? Ab wann?
▶ Welcher Art sind die im Katalog erfassten Medien? Nur Veröffentlichungen im deutschsprachigen Raum oder deckt er auch internationale Literatur ab?
▶ Unter welchen Buchstaben sind bei Sprachen mit nicht-lateinischen Schriften die Titel zu finden? (Die Übertragung in lateinische Schrift kann Probleme mit sich bringen. Z. B. werden die deutschsprachigen Kataloge *Schostakowitsch* listen, während die frankophonen *Chostakovitch* schreiben. Im Zweifelsfall fragen Sie einen Mitarbeiter der Bibliothek.)
▶ Welche Art von Medien werden erfasst: Bücher, Zeitschriften, Ton- und Datenträger, Mikrofiches, Manuskripte?
▶ Wie ist die Datenbank organisiert? Machen Sie sich mit dem Organisationssystem Ihrer Bibliothek vertraut.

Recherche wissenschaftlicher Literatur

Suchen Sie Schlagworte aus, die Ihr Thema am genauesten beschreiben. Testen Sie deren Präzision auf Suchmaschinen, ob im Internet oder in Bibliothekskatalogen.
▶ Finden Sie nicht genügend Titel zu Ihren Schlagwörtern?
– Verwenden Sie prägnantere Begriffe
– Verwenden Sie einen weiteren Suchschlüssel, um die Suche einzugrenzen
– Grenzen Sie Ihre Suche mit logischen Operatoren ein (UND, NICHT)
– Grenzen Sie eventuell Ihren Suchbegriff ein, z.B. durch die Angabe des Erscheinungsdatums oder –ortes usw.

▶ Sie finden nichts oder fast nichts unter den ausgewählten Schlagworten? Vielleicht existiert keine Veröffentlichung über das Thema, so wie Sie es definiert haben.
– Versuchen Sie es mit Synonymen
– Suchen Sie nach spezifischeren oder allgemeineren Termini
– Verwenden Sie den logischen Operator ODER.
– Benutzen Sie die Möglichkeit der Trunkierung: das Sternchen (*) ersetzt mehrere Zeichen. Sie können z.B. nach Geo* suchen und werden zu Geographie, Geophysik, Geologie usw. weitergeleitet.

Finden Sie immer noch nichts? Es könnte daran liegen, dass noch niemand über das Thema geschrieben hat. Vielleicht finden Sie Artikel in Fachzeitschriften oder im Internet.

▶ Finden Sie Angaben zu einem interessanten Buch? Greifen Sie die anderen Schlagworte auf, die mit dieser Angabe verknüpft sind und starten Sie damit eine neue Suche.

Muss ich alles lesen?

Die Kunst der Weisheit besteht darin,
zu wissen, was man übersehen muß.
William James

Sie haben eine Bibliographie erstellt, haben eine lange Liste von Büchern und Artikeln, die Sie lesen wollen. Vielleicht beängstigt Sie die lange Liste der zu lesenden Texte. Sie müssen aber nicht alles von Anfang bis Ende lesen! Sie würden daher nämlich viel Zeit verlieren und sogar Gefahr laufen, Wichtiges zu überlesen. Hier wiederum ist es notwendig, dass Sie Prioritäten setzten und die Texte sortieren. Dies kann nach folgenden Kriterien geschehen:

▶ Texte, die Sie vom Anfang bis zum Ende lesen, gar mehrmals lesen wollen;
▶ Texte, von denen Sie nur einige für Ihre Arbeit wichtige Textpassagen lesen werden (Textpassagen kennzeichnen oder notieren);
▶ Texte, die Sie nicht unbedingt lesen müssen.
▶ Anregungen dazu finden Sie auf S. 88

Wie werte ich wissenschaftliche Literatur aus?

Unter die größten Entdeckungen, auf die der
menschliche Verstand in den neuesten Zeiten
gefallen ist, gehört meiner Meinung nach die
Kunst, Bücher zu beurteilen, ohne sie gelesen
zu haben.
Georg Christoph Lichtenberg

Wenn Sie einmal scheinbar interessante Texte gefunden haben, dann beginnt eine wichtige Etappe in Ihrer Recherchearbeit: Sie müssen die Literatur auswerten, um die Spreu vom Weizen zu trennen. Hier sorgfältig vorzugehen wird Ihnen unnötige Lektürearbeit ersparen.

PRAXIS

Literatur mit einem Karteikasten sortieren

Wenn Sie gern mit Karteikarten arbeiten, so notieren Sie die bibliographischen Angaben (mit Signatur) auf Karteikarten (einen Titel pro Karte) und richten Sie einen Karteikasten mit fünf Fächern ein:

▶ Ein Fach für alle Titel Ihrer Literaturauswahl (dieses Fach kann sich während der Recherchearbeit immer wieder mit neuen Karteikarten füllen);
▶ Ein Fach für die Titel, die Sie unbedingt lesen wollen;
▶ Ein Fach für die Titel, die Sie nicht unbedingt lesen müssen;
▶ Ein Fach für die Titel, die Sie gerade lesen und bearbeiten;
▶ Ein Fach für die Titel, die Sie bereits gelesen und bearbeitet haben.

So können Sie nach und nach die Kärtchen vom Fach 1 in die Fächer 2 oder 3 bewegen. Werden sie bearbeitet, so gehören sie ins 4. Fach. Sind sie bereits bearbeitet worden, so verschieben Sie das Kärtchen ins 5. Fach. So behalten Sie einen guten Überblick über Ihre Arbeit.

Beachten Sie bei der Einrichtung des Karteikastens, dass das 4. Fach wahrscheinlich immer wenig Karten enthalten wird und dass er deswegen nicht allzu groß sein muss. Dagegen werden die anderen, vor allem das 1. und 5. Fach, viele Karteikarten enthalten und entsprechend groß sein müssen.)

1. Ausgewählte Texte	2. Texte, die ich unbedingt lesen will	3. Texte, die ich nicht unbedingt lesen muss	4. Texte in Arbeit	5. Gelesene/Gesichtete Texte

Kennzeichnen Sie die Texte nach ihrer Relevanz für Ihre Arbeit:
▶ Was macht den Text interessant für Sie?
▶ Ist er wirklich wichtig für Ihr Thema?
▶ Liefert er die Art von Informationen, die Sie benötigen?
▶ Wie ist die Informationsebene: basal, komplex?
▶ Sind die Informationen für Ihre Arbeit zutreffend?
▶ Geht die Argumentation des Autors in Ihre Richtung oder vertritt er eine entgegengesetzte Position?

ARBEITSBLATT: **Auswertung von Literatur**

AUTOR: TITEL: STANDORT: SIGNATUR:
DAS ZIELPUBLIKUM
An wen richtet sich der Text: an Anfänger, an Spezialisten?
Handelt es sich um ein populärwissenschaftliches Werk oder um Fachliteratur?
DER AUTOR
Welche Titel und Funktionen hat er?
Hat er schon etwas zum Thema veröffentlicht?
Ist er anerkannt auf diesem Gebiet?
Wird er in anderen bibliographischen Quellen erwähnt?
DIE AKTUALITÄT DER INFORMATION
Wann wurde sie veröffentlicht?
Handelt es sich um eine Erstauflage, um eine Wiederauflage?
Ist der Text noch aktuell oder ist er schon veraltet?
Handelt es sich um einen Klassiker?
DER VERLAG
Ist er wissenschaftlich anerkannt?
Sind seine Veröffentlichungen zitierfähig?

Wie ziehe ich Bilanz?

Es kommt nicht darauf an, die richtigen Dinge
zu tun, es kommt vor allem darauf an, die Din-
ge richtig zu tun...!
Klaus Landfried

Während Ihrer Recherchearbeit werden Sie viele Kataloge sichten, zahlreiche Texte lesen – und viel vergessen. Je weiter Sie in Ihrer Arbeit fortschreiten, umso öfter werden Sie das Gefühl haben, noch nicht genug zu wissen. Das ist normal, denn Sie vertiefen Kenntnisse, die wieder neue Fragen aufwerfen.

Darum ist es hilfreich, regelmäßig Bilanz zu ziehen. Die folgende Checkliste (S. 91) kann Sie daher unterstützen. Füllen Sie zunächst die linke und die mittlere Spalte aus. Die rechte und die untere ergänzen Sie, wenn Sie so weit sind.

Wie recherchiere ich im Internet?

Lesen Sie schnell, denn nichts ist beständiger
als der Wandel im Internet!
Anita Berres

Das Internet verschafft uns einen neuen Zugang zu Quellen, die vor kurzem noch schwer oder gar nicht zugänglich waren. Jedoch finden sich in diesem Gewimmel sowohl sehr wertvolle Informationen als auch mittelmäßige und schlechte. Darum ist Vorsicht geboten: Die Information muss überprüft, Quellen und Autoren müssen hinterfragt werden.

Wie bereite ich eine Recherche im Internet vor?

Um eine Recherche im Internet – genauso wie in Bibliothekskatalogen – durchzuführen, ist eine sorgfältige Vorbereitung notwendig. Denn dort wimmelt es von Informationen, und die Verführung ist groß, sich von der eigentlichen Suche ablenken zu lassen, zu surfen und letztendlich zu vergessen, wonach man eigentlich sucht. Je sorgfältiger Sie Ihre Suche vorbereiten, umso schneller werden Sie nützliche Ergebnisse finden.

Um gezielter zu arbeiten, haben Sie immer ein Heft oder einen Block bei sich und notieren Sie sich die Adressen der für Sie relevanten Webseiten. Aber bevor Sie Ihre Suche beginnen, klären Sie erst einmal, was Sie finden wollen, nach dem Motto: *Erst denken, dann surfen!*

| ARBEITSBLATT: | **Bilanz ziehen** |

Thema:		
Was ich schon weiß:	Was ich suche:	Was ich gefunden habe:

Was ich noch (heraus)finden muss:

▶ Über wieviel Zeit verfügen Sie für Ihre Recherche? Achten Sie darauf, Ihre Zeit realistisch einzuschätzen, denn der Zeitfaktor kann einen großen Einfluss auf Ihre Suche haben. Setzen Sie sich ein Zeitlimit für jede Suche. Ist diese Grenze erreicht, machen Sie Halt und ziehen Sie eine Bilanz: Haben Sie Ihr Ziel erreicht? Wenn nicht, warum? In diesem Fall revidieren Sie eventuell Ihre Suchstrategie.

▶ Was ist Ihr Ziel?

▶ Welche Art der Information suchen Sie? Eine allgemeine Einführung zum Thema? Eine wissenschaftliche Studie? Statistische Daten? Wollen Sie sich nur einen Überblick verschaffen, über das, was zu dem Thema bereits veröffentlicht worden ist? Oder suchen Sie spezifische Informationen über ein bestimmtes Thema?

▶ Suchen Sie Informationen, die Sie sofort verwenden können? Oder für eine spätere Verwendung?

▶ Suchen Sie Quellen, die Ihnen helfen sollen, weitere Informationen (Bücher, Artikel) zu finden?

▶ Wollen Sie die neuesten Veröffentlichungen zum Thema herausfinden?

▶ Wollen Sie wissen, wer aktuell an Ihrem Thema arbeitet?

▶ Wollen Sie die Beteiligten an der aktuellen Diskussion kennenlernen?

▶ Wie viele Informationen brauchen Sie? So viele wie möglich? Nur so viele, dass Sie sich ein Bild vom Thema machen können? Nur die neuesten Informationen?

▶ Suchen Sie Informationen über eine bestimmte Zeitperiode? Welche?

▶ Suchen Sie Informationen über eine bestimmte geographische Region? Welche?

▶ In welcher Sprache suchen Sie Informationen?

PRAXIS

Online-Übersetzungen

Wenn Sie Informationen in einer Fremdsprache lesen wollen, sollten Sie diese Sprache beherrschen. Zwar existieren Übersetzungsmaschinen, dennoch sind deren Ergebnisse verschiedener Qualität, denn hinter der Übersetzung steht nur ein Robot. Falls Sie aber Texte übersetzen wollen, bieten Suchmaschinen wie Google oder Yahoo Online-Übersetzungen. Weitere Übersetzungsmaschinen und Wörterbücher im Internet:

▶ Mit *Babelfish* von AltaVista können Sie Textabschnitte oder ganze Webseiten in neun Sprachen übersetzen – http://babelfish.altavista.com

▶ Das *Multilinguale Wörterbuch* übersetzt auch kurze Textstellen – http://www.foreignword.com

Außerdem finden Sie Online-Wörterbücher wie:

▸ *Eurodicautom*: Datenbank der Übersetzer der Europäischen Union. Sie ist besonders reich an technischen und politisch-administrativen Fachbegriffen – http://europa.eu.int/eurodicautom/Controller
▸ *Logos*: mehrsprachiges, interaktives Wörterbuch der TU München. Die Datenbank erweitert sich durch die Mitarbeit der Besucher. Jeder kann mit seinem Wissen beitragen und die Eintragungen direkt im Browser bearbeiten – www.logosdictionary.com
▸ *Wörterbuch LEO:* dreisprachiges Wörterbuch (Deutsch – Englisch, Deutsch – Französisch, Deutsch – Spanisch) – http://www.leo.org
▸ *Odge (Online Dictionary English-German)* bietet mehr als 210.000 Wörter und die dazu passenden Übersetzungen – http://odge.de

Manche Wörterbücher können gegen Entgelt heruntergeladen werden:

▸ *Freeelang*, multilinguales Wörterbuch online. Es ist möglich, ein zweisprachiges Wörterbuch herunterzuladen. Es bietet auch ein Forum zur Übersetzungshilfe – www.freelang.com
▸ *Ultralingua*: Diese Seite bietet digitale Wörterbücher sowie Hilfe bei Grammatik und Rechtschreibung. Kostenlose Demoversionen für einen Monat unter www.ultralingua.com

Die Suchbegriffe einer Internetrecherche formulieren

Wenn Sie Ihre Fragen geklärt haben, müssen Sie nun die passenden Suchbegriffe formulieren. Je genauer Sie Ihr Thema eingrenzen, desto leichter werden Sie entsprechende Informationen finden. Je breiter dagegen das Thema und je allgemeiner die Suchbegriffe, desto mehr Informationen werden Sie erhalten – und desto schwieriger wird es sein, einen Überblick zu gewinnen und das Material zu sortieren.

Im Folgenden finden Sie einige Anregungen, um Ihre Internetrecherche vorzubereiten. Beantworten Sie die Fragen schriftlich, um zeitraubendes Verzetteln zu vermeiden:

▸ Wie lautet Ihre Frage?
▸ Welche Begriffe beschreiben diese Frage am genauesten?
– Teilen Sie die gesuchte Information in Schlüsselbegriffe auf. Synonyme können auch weiterhelfen. Vielleicht sogar ein Synonymwörterbuch: Es geht darum herauszufinden, unter welchen Schlüsselbegriffen eine bestimmte Information veröffentlicht worden ist.
– Wollen Sie Ihre Suche auf eine bestimmte Zeitperiode eingrenzen? Einige Suchmaschinen nehmen Einschränkungen wie das Publikationsdatum einer

Web-Seite an. Wenn Sie einen bestimmten Zeitraum abdecken wollen, geben Sie diesen Zeitraum als Komponente Ihrer Suche ein.
– Wollen Sie Ihre Forschung auf eine geographische Region begrenzen? Dann geben Sie den Namen dieser Region als Suchbegriff mit ein.

Die logischen Operatoren

Eine Suche führt oft zu einer unübersichtlichen Menge von Informationen. Zur Verfeinerung einer Suche sind manchmal sogenannte „Boolesche Operatoren" hilfreich. Sie verknüpfen die Suchbegriffe. Dadurch können Sie Ihre Suche erweitern oder einschränken, indem bestimmte Wörter berücksichtigt oder ausgeschlossen werden.

Es gibt mehrere Boolesche Operatoren:
▶ UND (AND auf Englisch, das auch durch ein + symbolisiert wird). Alle gesuchten Begriffe sollen im Text vorkommen;
▶ ODER (OR auf Englisch): Der eine oder der andere Begriff soll im Text vorkommen;
▶ NICHT (NOT oder AND NOT auf Englisch, auch durch das Zeichen – symbolisiert): Ein bestimmter Begriff darf nicht im Titel vorkommen.
▶ Die Trunkierung (? oder *) ist nicht allen Suchmaschinen bekannt. Mit einer Trunkierung können Sie eine Termbezeichnung verkürzen oder variieren. Geben Sie beispielsweise Geo* ein, sucht die Suchmaschine nach Geographie, Geologie, Geometrie usw. Die Verwendung dieser Option muss allerdings wohlüberlegt sein, will man nicht in einer Information- und Datenflut versinken. Die Trunkierung lässt sich auch einsetzen, um nach verschiedenen Schreibweisen eines Fachbegriffes gleichzeitig zu suchen. Geogra*ie sucht nach Geographie und Geografie zugleich.
▶ „Phrase": Sie suchen eine exakte Folge von Wörtern. Setzen Sie die Begriffe in Anführungszeichen. Die Suchmaschine sucht die Wörter genau in der eingegebenen Reihenfolge.

Die Abfragesyntax der Suchmaschinen ist nicht einheitlich und variiert von Fall zu Fall, manche benutzen englische Operatoren, andere wiederum setzen Symbole ein. Wenn Sie eine Suchmaschine zum ersten Mal benutzen, werfen Sie also einen Blick auf den link *Help* oder *Tipp*. Er wird Sie auf eine Seite weiterleiten, wo die Maschine und die Korrekte Verwendung ihrer Operatoren erklärt wird.

Wie werte ich Informationen aus dem Internet aus?

Vorsicht und Mißtrauen sind gute Dinge,
nur sind auch ihnen gegenüber Vorsicht und
Mißtrauen nötig.
Christian Morgenstern

Bei einem kostenpflichtigen Dienst ist der Verfasser oder der Seitenproduzent für die Qualität der Information verantwortlich. Ist der Zugang kostenlos, müssen die Ergebnisse gründlich geprüft werden: Jeder kann mit wenig Aufwand Informationen ins Netz stellen, so dass man gute und schlechte, wahre und falsche finden kann. Zwar arbeiten einige Anbieter sorgfältig, aber nicht alle kontrollieren die Qualität der Informationen, die sie anbieten. Bevor Sie eine Information aus dem Netz übernehmen, stellen Sie sich mindestens folgende Fragen:

▶ Ist die Seite zuverlässig?
▶ Entspricht die dort angebotene Information dem Thema Ihrer Arbeit?
▶ Entspricht die Qualität des Beitrags den Ansprüchen einer wissenschaftlichen Arbeit?
Für eine weitergehende Qualitätsprüfung kann folgende Checkliste hilfreich sein (S. 96).

| ARBEITSBLATT: | Auswertung einer Web-Site |

DIE WEB-SITE
Um welche Art von Web-Site handelt es sich? Ist es eine institutionelle, private oder kommerzielle Site?
Ist diese Web-Site in dem betreffenden Fach anerkannt?
Ist die Information kostenpflichtig oder kostenlos?
IHRE ZIELE
Wer ist das Zielpublikum?
Welche Interessen werden mit den Informationen verfolgt?
Mit welchem Ziel wurde der Beitrag verfasst?
Werden durch die Texte Produkte oder Dienste vorgestellt, die vom Autor oder von der Organisation verkauft werden?
DIE WERBUNG
Wird eine „wissenschaftliche" oder „pädagogische" Information mit Werbung verbunden?
Falls die Seite Werbung enthält – Hat diese mit dem behandelten Thema zu tun?
Wird die Werbung klar vom Text getrennt?
DER INHALT
Wie ist das Niveau bezüglich der Vollständigkeit und der Genauigkeit der angebotenen Informationen?
Werden die Quellen eindeutig nachgewiesen?
Sind die Schemata, Grafiken, Illustrationen klar und verständlich?
Sind die Texte in korrekter Sprache verfasst (Grammatik, Rechtschreibung, Stil)?

DIE AKTUALISIERUNG
Weist der Beitrag ein Erstellungsdatum auf?
Wird die Information aktualisiert?
Führen alle Links zu aktuellen Web-Sites oder sind einige veraltet?

DIE LINKS
Werden sie ausgewertet und kommentiert?
Führen sie zu zuverlässigen Web-Sites?
Führen zuverlässige Web-Sites zu dieser Web-Site?
Haben die Links mit dem Inhalt der Web-Site zu tun?

DIE VERANTWORTLICHE ORGANISATION
Wird die zuständige Organisation deutlich benannt?
Steht für Rückfragen eine Telefonnummer, eine Email-Adresse, eine Postanschrift zur Verfügung?
Ist sie als kompetente Instanz auf dem betreffenden Gebiet anerkannt (Hochschule, Forschungsinstitut)?
Wenn sie nicht bekannt ist – Können ihre Referenzen überprüft werden?

DER VERFASSER
Wird er namentlich ausgewiesen?
Ist seine Qualifikation erkennbar?
Handelt es sich um einen Spezialisten oder um einen auf diesem Gebiet anerkanntem Forscher?
Ist er Mitglied von anerkannten Organisationen, Institutionen, wissenschaftlichen Gesellschaften?
Verweisen Bücher, Fachzeitschriften oder andere Medien auf seine Publikationen?

Kapitel 3: Lesestrategien

Sie haben Material gesammelt und ausgewertet. Sie haben eine Auswahl getroffen und wollen die Texte nun lesen. Manche sind interessant, andere weniger. Bei manchen haben Sie das Gefühl, die Information bereits andernorts gelesen zu haben und fragen sich, ob Sie den Text weiterlesen sollen oder nicht. Oder Sie lesen, können sich aber nicht mehr konzentrieren und ärgern sich, weil der Literaturberg nicht kleiner wird und Sie sich nicht erlauben können, Ihr geplantes Lesepensum nicht einzuhalten. Was können Sie tun?

Das Geheimnis des effektiven Lesens

Die Kunst des Lesens ist die Fähigkeit, Seiten
zu überblättern, auf denen man nichts
versäumt.

William Butler Yeats

Effektives Lesen ist das Gegenteil von ausführlichem Lesen. Zeitorganisationsprobleme erklären sich nicht selten durch Angst und Perfektionismus: Wir wollen alles verstehen, und verbeißen uns dabei aber oft in irrelevante Details. Alles, was auf der Literaturliste steht, wollen wir sorgfältig lesen, aus Angst, *das* wichtige Detail zu übersehen. Dabei sind sich viele Texte der Forschungsliteratur zu einem Thema sehr ähnlich, und es gibt selten *ein* grundlegendes Detail.

Viele Menschen glauben, die Zahl der aufgenommenen Informationen wachse proportional mit der Zahl der gelesenen Beiträge. Die Wirklichkeit sieht aber anders aus. Stellen Sie sich z. B. vor, Sie haben 10 Artikel zur Verfügung, die alle das gleiche Thema behandeln; stellen Sie sich vor, das Lesen jedes dieser Artikel nimmt 10 Minuten in Anspruch. Stellen Sie sich auch vor, dass Sie beim Lesen des ersten Artikels 10 neue Informationen gewinnen. Also: Sie haben einen Text 10 Minuten lang gelesen und 10 neue Informationen gewonnen. Nun lesen Sie den zweiten Text. Vieles ist Ihnen vom ersten bereits bekannt. Sagen wir, 5 Informationen kennen Sie schon, und Sie finden 5 neue. Sie verfügen also über 15 Informationen. Nun wird Ihnen der dritte Text nur 2 neue Informationen liefern. Das sind 17. Der vierte nur eine, macht 18. Alle 10 Informationen, die der fünfte Text beinhaltet, gehören zu den bekannten 18, ebenso die Informationen des sechsten, siebten und achten Textes. Nur der neunte bringt Ihnen eine neue Information. Der zehnte wieder nichts.

Selbstverständlich sind diese Zahlen hypothetisch und Sie könnten sicherlich auch andere Ergebnisse erhalten. Sie sind aber in ihrem Prinzip immer gültig. Wenn Sie aus Angst, etwas Wichtiges zu verpassen, alle Texte ausführlich gelesen haben, werden Sie 100 Minuten gebraucht haben, wobei Sie das Wesentliche schon nach 30 Minuten gelesen hatten.

Welchen Schluss kann man daraus ziehen? Wir erhöhen unsere Lesegeschwindigkeit, wenn wir auf kaum nützliche Texte verzichten. Das ist aber nicht so einfach. Wie können Sie konkret vorgehen? Wenn Sie Ihre Lesegeschwindigkeit beibehalten, müssen Sie die Entscheidung treffen, die letzten Texte gar nicht zu lesen. In unserem Fall, können Sie, nachdem Sie beim Überfliegen festgestellt haben, dass sie Ihnen nichts bringen, auf die fünf letzten Texte verzichten. Sie werden in unserem Rechenbeispiel nur *eine* Information weniger haben.

Eine andere Lösung ist, die Texte mit unterschiedlicher Geschwindigkeit zu lesen. Lesen Sie den ersten in 10 Minuten, den zweiten in 4, den dritten in zwei, den vierten und folgenden in 1 Minute, so beträgt die Gesamtzeit 21 Minuten – d.h., ein durchschnittlicher Aufwand von 1,17 Minuten pro Artikel. Und wenn Sie die beiden Techniken kombinieren (mit steigender Geschwindigkeit lesen und auf die letzten Texte verzichten) werden Sie 94% der Information mit einem durchschnittlichen Aufwand von 1,06 Minuten gewinnen. Wichtig ist nicht, *alles* zu lesen, sondern das Nötige.

Wie erhöhe ich meine Lesegeschwindigkeit?

Erst durch das Lesen lernt man, wieviel man ungelesen lassen kann.
Wilhelm Raabe

Beim Lesen laufen sowohl physische als auch mentale Prozesse ab. Was die mentalen Prozesse betrifft, wird hier der Begriff „Lesen" mit „Verstehen" gleichgesetzt. Was den physischen Prozess betrifft, können beim Lesevorgang drei Arten der Augenbewegungen beobachtet werden:

▶ Die Fixierung. Sie findet statt, wenn Ihre Augen anhalten: Es ist der Zeitpunkt des Lesens.
▶ Die sprunghaften Bewegungen. Beobachten Sie die Augen eines Lesenden und Sie werden sehen, dass sie sich nicht linear, sondern sprunghaft bewegen.
▶ Das Rückgleiten. Wenn die Augen das Ende der Zeile erreichen, gehen sie zur nächsten Zeile über.

Was unterscheidet effektive von uneffektiven Leser?

UNEFFEKTIVE LESER	EFFEKTIVE LESER
haben sprunghafte Augenbewegungen, besonders wenn sie ermüden	lesen das Material etwa 3 bis 5 Mal schneller als durchschnittliche Leser
bewegen unnötigerweise die Augen	haben eine kontinuierliche Augenbewegung, während sie fortlesen
gehen langsam zur nächsten Zeile über	gleiten beim Lesen selten mit den Augen zurück
kehren unnötigerweise zurück, um bereits Gelesenes nochmals zu lesen	lesen selten noch einmal bereits Gelesenes
haben einen geringen Fixierungsbereich: Sie nehmen höchstens bis vier Wörter wahr	haben einen breiten Lesefokus (5 Wörter oder mehr)
subvokalisieren (sprechen beim Lesen stumm mit)	subvokalisieren nicht
lesen alles mit derselben Geschwindigkeit	passen die Lesegeschwindigkeit dem Schwierigkeitsgrad des Textes an
lesen Wort für Wort	lesen Wortgruppe für Wortgruppe
denken beim Lesen an etwas anderes	können sich gut konzentrieren
haben ein schwaches Gedächtnis	haben ein gutes Gedächtnis

Durch das Erlernen und Trainieren bestimmter Lesetechniken können Sie schneller und mehr lesen, und einen umfangreicheren Inhalt in kürzerer Zeit speichern. Im Folgenden finden Sie einige Übungen, mit denen Sie Ihr Leseverhalten optimieren können. Allerdings bringen diese Techniken nur dann den gewünschten Erfolg, wenn sie regelmäßig geübt werden. Dies wird Sie zwar etwas Zeit kosten – lassen Sie sich aber davon nicht erschrecken: Denn das Ergebnis, das Sie erhalten werden, ist frappierend. Sie werden sowohl Ihre Lesegeschwindigkeit steigern als auch Ihr Textverständnis beträchtlich verbessern.

Wie schnell lesen Sie?

Lesen Sie einen 2-Seitigen Text mit Ihrer gewöhnlichen Geschwindigkeit. Messen Sie die Zeit, die Sie brauchen und zählen Sie die Wörter. Aus der folgenden Tabelle können Sie entnehmen, zu welcher Kategorie Sie gehören.

Langsamer Leser	110-150 Wörter/Minute	Grundschulniveau
Mittlerer Leser	200-250 Wörter/Minute	Gymnasialniveau
Guter Leser	400 Wörter/Minute	Hochschulniveau
Schneller Leser	1000 Wörter/Minute	Niveau eines gut trainierten Lesers

Mit dem Finger lesen

Ziel: Erhöhung der Lesegeschwindigkeit und Vergrößerung des Fixierungsbereichs.

Benutzen Sie den Finger oder einen langen Gegenstand (Stift, Stricknadel) als Lesehilfe. Lassen Sie den Finger unter den Zeilen entlanggleiten. Die Augen ziehen mit. Dadurch werden Sie gezwungen, dem Finger zu folgen und vermeiden unnötiges Zurückgleiten oder Anhalten. Während Ihre Augen schneller entlang den Linien vorwärts gleiten, nehmen Sie mehr Wörter wahr und vergrößern somit den Fixierungsbereich.

Übung: Nehmen Sie einen beliebigen Text. Lassen Sie den Finger unter den Zeilen entlanggleiten und versuchen Sie gleichzeitig, den Text zu lesen. Gehen Sie sehr schnell vor. Beunruhigen Sie sich nicht, wenn es Ihnen nicht gelingt, alle Wörter zu lesen. Im Gegenteil, wenn Sie es schaffen, alle Wörter zu lesen, heißt es, dass Sie zu langsam sind: Erhöhen Sie in diesem Fall die Geschwindigkeit der Hand.

Machen Sie diese Übung zehn Minuten lang an fünf Tagen hintereinander.

Die kreisende Bewegung.

Ziel: Vergrößerung des Fixierungsbereichs.

Man benutzt diese Technik für das Überfliegen von Texten, nicht für ein aufmerksames Lesen. Diese Bewegung besteht darin, den Finger über die Seite ohne feste Richtung kreisen zu lassen; versuchen Sie dabei so viele Wörter wie möglich zu lesen. Versuchen Sie ebenfalls den Inhalt der Seite zu verstehen.

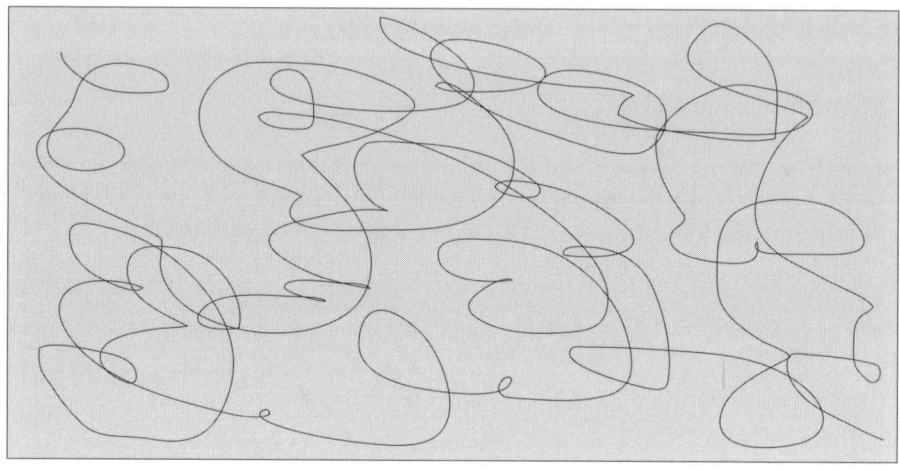

Übung: Diese Übung erfordert nur einige Minuten.
► Nehmen Sie einen Text und überfliegen Sie ihn, indem Sie den kreisenden Bewegungen Ihres Fingers mit den Augen folgen. Versuchen Sie zu lesen, was er ansteuert. Sie sollen dabei nicht besonders schnell vorgehen, sonst kann es passieren, dass Sie nichts verstehen.
► Nach einer Minute legen Sie den Text beiseite.
► Schreiben Sie nieder, was Sie vom Text behalten haben.
Wiederholen Sie diese Übung fünf Mal, fünf Tage lang.

Die Slalomtechnik

Ziel: Kontrolle der Lesegeschwindigkeit und Vergrößerung des Fixierungsbereichs.

Die Slalomtechnik dient dem Überfliegen eines Textes. Sie gilt nicht als normale Lektüremethode.

Zeichnen Sie mit Ihrem Finger eine Schlangenlinie über die Seite, von oben links nach unten rechts und lassen Sie die Augen mitziehen. Am Anfang kann es unangenehm sein, was eigentlich ein gutes Zeichen ist: Es bedeutet nämlich, dass Sie sich in Ihrer alten Lesegewohnheit bedroht fühlen. Je mehr Sie diese Übung trainieren, umso bequemer werden Sie Texte überfliegen können.

Übung: Wählen Sie einen Text von etwa 2.500 Wörtern Länge.
– Zeichnen Sie eine Schlangenlinie mit dem Finger über diesen Text und folgen Sie ihr mit den Augen.
– Haben Sie den Text überflogen, schreiben Sie alle Wörter auf, an die Sie sich erinnern (ohne nachzuschlagen).

- Wiederholen Sie die Übung mit einem neuen Textabschnitt von 2.500 Wörtern.
- Fügen Sie fünf Seiten hinzu und überfliegen Sie diese in einer Minute.
- Wiederholen Sie diese Schritte 50 Minuten lang.

Wie gehe ich einen Text an?

Die guten Leutchen wissen nicht, was es
einem an Zeit und Mühe kostet, um lesen zu
lernen. Ich habe achtzig Jahre dafür
gebraucht und kann auch jetzt nicht sagen,
dass ich am Ziel wäre.
Johann Wolfgang von Goethe

Sie wissen, dass es viel Zeit erfordert, einen wissenschaftlichen Text zu lesen. Darum empfiehlt es sich, mit dem Überfliegen oder „schnellen Lesen" zu beginnen, um einen ersten Überblick zu gewinnen. Das Überfliegen ersetzt zwar nicht das langsame, aufmerksame Lesen. Sie können sich damit aber über den Textaufbau klar werden und die wichtigsten Textestellen herausfiltern. Beim aufmerksamen Lesen werden Sie dadurch schneller vorankommen.

Um einen Text zu überfliegen, können Sie die vorhin dargestellten Methoden benutzen. Bevor Sie in die Lektüre einsteigen, können Sie sich ausserdem fragen: *Was erwarte ich vom Text? Welchen Erkenntnisgewinn verspreche ich mir davon?* Sie werden dann gezielter lesen. Blättern Sie das Buch durch, lesen Sie das Inhaltsverzeichnis, die Einführung, den Schluss, das Vorwort, um einen Überblick zu gewinnen.

Lesen Sie auch die Kapitelüberschriften, die Zwischenüberschriften und die Legenden unter den Bildern. Betrachten Sie die Karten, um sich ein Gesamtbild vom Text zu machen. Bevor Sie einzelne Kapitel lesen, erfassen Sie deren Aufbau: Lesen Sie Einleitung und Schluss, die Überschriften und Zwischenüberschriften. Lesen Sie aufmerksam den ersten Satz eines jeden Absatzes: Dieser erste Satz enthält meistens den Hauptgedanken, den der Absatz ausführen wird.

PRAXIS

Wie ist ein Absatz strukturiert?

Der Aufbau eines Absatzes unterliegt klaren Regeln, mit Hilfe derer sich der Stellenwert der enthaltenen Information erkennen lässt. Ein Absatz behandelt einen Kerngedanken, der im ersten Satz dargestellt wird; die darauffolgenden Sätze führen ihn aus. Der letzte Satz schließt ihn oder bereitet auf den folgenden Absatz vor. Ein gutes Beispiel für diese Grundstruktur findet sich im Werk des Philosophen Immanuel Kant. Achten Sie auf die Struktur dieses Absatzes:

Darstellung des Gedankens	*Aufklärung ist der Ausgang des Menschen aus seiner selbst verschuldeten Unmündigkeit. Unmündigkeit ist das Unvermögen, sich seines Verstandes ohne Leitung eines anderen zu bedienen. Selbstverschuldet ist diese Unmündigkeit, wenn die Ursache derselben nicht am Mangel des Verstandes, sondern der Entschließung und des Mutes liegt, sich seiner ohne Leitung eines anderen zu bedienen. Sapere aude! Habe Mut dich deines eigenen Verstandes zu bedienen! ist also der Wahlspruch der Aufklärung.*
Ausführung des Gedankens	
Schlussfolgerung	

Leider folgen nicht alle Autoren diesen Regeln. Wenn Sie jedoch einen Text lesen, der sie verwendet, genügt es, beim Überfliegen, immer nur den ersten Satz eines jeden Absatzes aufmerksam zu lesen: Sie erhalten dabei einen ziemlich genauen Überblick über die im Text ausgeführten Gedanken und deren Reihenfolge. Wenn Sie diese Regel beim Schreiben selbst beachten, werden nicht nur Ihre Leser dankbar sein. Auch Sie werden Ihre eigenen Gedanken besser strukturieren können.

Was tun bei Leseproblemen?

*Wer nicht versteht, was er gerade liest, soll
sich nicht darauf versteifen, es begreifen zu
wollen. Lass die Lektüre, nimm das Buch an
einem anderen Tag wieder zur Hand, dann
geht es mühelos. Unser Geist ist nicht immer
offen, um einen fremden Geist aufzunehmen.*

Joseph Joubert

Manchmal ist man unkonzentriert, zwingt sich aber, weiterzulesen, in der Hoffnung, das Gehirn werde die Information schon speichern können. Das Ergebnis: Man strengt sich unnötigerweise an, fühlt sich genervt und schlecht gelaunt, und die Arbeit wird nicht besser. Es lohnt sich also, eine Pause zu machen und nach der Ursache des Konzentrationsproblems zu suchen.

Während ich lese, denke ich an etwas anderes

Weiterzulesen ist in diesem Fall sinnlos. Die Ursache dieser Konzentrationsschwäche muss identifiziert werden. Woher kommt sie?

▸ Vielleicht hat der Text einen Denkprozess ausgelöst, und Sie grübeln nun über eine Idee nach, während Ihre Augen weiterhin über das Schriftstück gleiten? Das bedeutet, dass Sie in einem inneren Dialog mit dem Text oder dem Autor stehen. Geben Sie diesem Dialog den Raum, den er verlangt: Legen Sie den Text beiseite, greifen Sie zum Stift und schreiben Sie Ihre Gedanken nieder. Anschließend werden Sie mit ruhigerem Geist die Lektüre fortsetzen. Mehr noch: Das wird Sie zum Weiterlesen stimulieren (Siehe S. 117: *Wie kann ich Abstand von einem Text bekommen?*)

▸ Vielleicht haben Sie ein Problem, das Sie beschäftigt? Leider werden Sie durch zwanghaftes Lesen weder das Problem lösen noch von Ihrer Lektüre profitieren. Falls sich das Problem nicht kurzfristig beseitigen lässt, könnten Sie sich dennoch entlasten, indem Sie einige Zeilen darüber zu Papier bringen.

▸ Vielleicht lesen Sie schon zu lange, und können sich nicht mehr konzentrieren? In diesem Fall ist es besser, eine Pause zu machen. Werfen Sie einen Blick auf die folgende Übung!

Ich kann mich beim Lesen nicht konzentrieren

Ein wissenschaftlicher Text liest sich nicht wie ein Roman: Er verdichtet eine große Zahl von Informationen, und diese müssen verarbeitet werden. Es ist normal, dass die Konzentration sinkt, wenn man zu lange liest. Viel zu oft zwingen wir uns, weiterzulesen, bevor wir uns eine Pause gönnen. Die Konzentration sinkt, aber wir verbeißen uns in den Text. Was bringt es aber, weiterhin Information aufzunehmen, die man nicht mehr verarbeiten, *verdauen* kann? Man verliert Zeit und Energie. Das Lesen wird nur noch langweilig und frustrierend. Darum ist es ratsam, abwechselnd zu lesen und zu schreiben oder das Gelesene in einem Schema zu visualisieren – oder es mündlich zusammenzufassen: Sie können Ihren Vortrag dabei aufnehmen und später diese Zusammenfassung anhören. So wird die Information über verschiedene Kanäle gespeichert und demzufolge besser verankert. Sie können sich beispielsweise eine bestimmte Zeit zum Lesen geben, je nach Schwierigkeitsgrad des Textes, der momentanen Konzentrationsfähigkeit usw.

▸ Überfliegen Sie den Text
▸ Lesen Sie ihn anschließend 10 Minuten lang.
▸ Nach der 10. Minute unterbrechen Sie das Lesen. Verfassen Sie auswendig eine kurze Zusammenfassung: *Was habe ich vom Text behalten?*
▸ Lesen Sie die Textpassage nochmal und überprüfen Sie Ihre Zusammenfassung.
▸ Dann lesen Sie weitere 10 Minuten lang usw. (Siehe S. 111 ff. *Wie fasse ich einen Text mit eigenen Worten zusammen?*)

Ich verstehe eine Textpassage nicht

Was können Sie in diesem Fall tun?
▸ Die Textpassage mehrmals lesen und jedes Mal eine kurze Zusammenfassung schreiben (*Was habe ich vom Text behalten? Was habe ich vom Text verstanden?*)
▸ Die Textpassage markieren, um sie später nochmals zu lesen, wenn Sie im folgenden Text mehr Informationen gesammelt haben, die zum besseren Verständnis der komplizierten Passage helfen.

Ich verstehe ein Wort nicht

Der „Laie" überschätzt sehr die Wichtigkeit der Terminologie. Wenn man mit einer gewissen Largesse liest und vorweg dem größeren Sinnzusammenhang sich zuwendet, fallen einem die Einzelbedeutungen auch ungewohnter Ausdrücke meist von selbst zu.
Theodor W. Adorno

Nicht selten stößt man beim Lesen auf Begriffe, die man nicht kennt bzw. deren Bedeutung im Text nicht klar ist. Da manche Wörter ihre Bedeutung erst durch den Zusammenhag erhalten, in dem sie stehen, ist ein gutes Verständnis des Kontextes die Voraussetzung für die Bedeutungsklärung des einzelnen Begriffs. Selbst Wörterbücher helfen da nicht immer weiter, da sie nicht unbedingt den speziellen Kontext erfassen.

Sollten Sie jedoch nach mehrmaligem Lesen immer noch den Eindruck haben, dass das Wort sich Ihnen verschließt, kann Ihnen folgende Übung vielleicht weiterhelfen:

▶ Notieren Sie das Wort in der Mitte eines Blattes.
▶ Machen Sie ein Brainstorming oder zeichnen Sie ein Assoziogramm zu diesem Wort. Notieren Sie dabei Synonyme und Gegensätze (z.B. hell/dunkel).
▶ Versuchen Sie, einen kurzen Text mit dem Titel *Was heißt...?* zu schreiben.
▶ Lesen Sie die Textstelle wieder und korrigieren Sie gegebenenfalls Ihre Definition mit Hilfe des Textes.

Es empfiehlt sich, ein Glossar für Schlüsselbegriffe einzurichten. Manche Fachbegriffe ändern ihre Bedeutung von Autor zu Autor, bei manchen Autoren sogar von Werk zu Werk. Darum sollten Sie ein persönliches Glossar einrichten, in dem Sie die Bedeutung der jeweiligen Schlüsselbegriffe notieren. Damit „sichern" Sie die präzise Bedeutung dieser Begriffe im jeweiligen Kontext bei einem bestimmten Autor.

Beschränken Sie sich jedoch auf die Schlüsselbegriffe. Nehmen Sie sich nicht jeden Begriff vor, Sie werden sonst schnell in der Masse von Definitionen versinken. Verwenden Sie diese Methode für zentrale Begriffe Ihres Faches bzw. wenn Sie einen bestimmten Begriff für Ihre Arbeit untersuchen müssen.

Mit der Zeit werden Sie die Fachtermini in ihren unterschiedlichen Verwendungen kennen, werden sie identifizieren und erklären können; das Glossar wird Ihnen eine große Hilfe bei den unterschiedlichen Aufgaben sein, die im Studium auffallen – Klausuren, Seminararbeiten, Textkommentare, Referate. Unser Arbeitsblatt auf S. 108 bietet Anregungen, wie eine solche Definitionsliste aussehen könnte.

Wie lese ich einen Text in einer Fremdsprache?

Wörterbuch: eine bösartige literarische
Vorrichtung, die das Wachstum einer Sprache
hemmt und sie starr und unelastisch macht.
Ambrose Bierce

Hat man einen Text in einer Fremdsprache zu lesen, gerät man manchmal in Panik, wenn man etwas nicht versteht. Man schlägt jedes neue Wort im Wörterbuch nach. Leider liefern diese Werke nicht immer eine befriedigende Antwort.

ARBEITSBLATT: **Definitionsliste**

Begriff:		
Autor Werk: Ggf. Seite: Bedeutung (möglichst mit Ihren eigenen Worten):		
Autor: Werk: Ggf. Seite: Bedeutung:		
Autor: Werk: Ggf. Seite: Bedeutung:		
Autor: Werk: Ggf. Seite: Bedeutung:		
Autor: Werk: Ggf. Seite: Bedeutung:		
Autor: Werk: Ggf. Seite: Bedeutung:		
Autor: Werk: Ggf. Seite: Bedeutung:		

Außerdem wird der Lesefluss ständig unterbrochen und die Lektüre mühselig. Wir erinnern uns: Der Sinn eines Wortes entsteht aus dem konstellativen Rahmen. Es geht also auch hier darum, zunächst den Kontext zu verstehen und sich nicht auf jedes einzelne Wort zu verbeißen.

Deswegen ist es ratsam, eine Textpassage erst mal zu überfliegen, sie dann aufmerksam zu lesen und dabei die nicht verstandenen Wörter zu notieren. Falls sie am Ende der Lektüre immer noch unklar sind bzw. falls ihre Bedeutung für das gesamte Textverständnis ausschlaggebend ist, können sie jetzt im Wörterbuch oder im Lexikon ggf. am Ende Ihrer Lektüre im Sprachlexikon nachgeschlagen werden.

Die auf den nächsten Seiten beschriebenen Übungen eignen sich auch zum besseren Lesen und Verstehen von fremdsprachliche Texten. Probieren Sie sie aus, Sie werden über die Ergebnisse staunen!

Kapitel 4: Aktiv lesen

Es kann ziemlich langweilig sein, einen wissenschaftlichen Text zu lesen, wenn man nicht weiß, was man eigentlich von ihm erwartet. Vielleicht stößt man auf eine wertvolle Information und kann sich über den Glücksfall freuen. Vielleicht liest man aber auch unkonzentriert und überliest das Wesentliche. Darum lohnt es sich zu klären, was Sie in einem Text suchen: Dadurch geben Sie die Stellung des passiven, konsumierenden Lesers auf, die oft die Ursache von Langeweile ist. Um aktiv lesen zu können, muss man sich auf die Lektüre vorbereiten. Sie werden sehen: Aktiv zu lesen vereinfacht die Arbeit. Mehr noch: Es macht sie spannender.

Wie stelle ich Fragen an einen Text?

Lass dich durch deine Lektüre nicht beherr-
schen, sondern herrsche über sie.
Georg Christoph Lichtenberg

Wenn Sie konkrete Fragen an einen Text stellen, werden Sie gezielter lesen. Sie werden sich auf die Informationen konzentrieren, die Sie suchen – und sich weniger von vielleicht spannenden, aber für Ihre Arbeit gerade irrelevanten Details ablenken lassen. Einem interessanten Text zu folgen, auch wenn dieser keinen Beitrag zur eigentlichen Fragestellung leistet, kann gefährlich – weil zeitraubend – sein. Um dieser Falle zu entgehen, schreiben Sie Ihre Fragen auf. Was können Sie fragen? Hier eine Liste von Anregungen, die Sie sicherlich noch mit Ihren konkreten Fragen ergänzen können:

ARBEITSBLATT: **Fragen an einen Text stellen**

Autor: Titel:
Wer ist der Autor, was weiß ich schon über ihn?
Wovon handelt der Text?
Was weiß ich schon über das Thema?
Was will ich wissen?
Welcher Aspekt des Textes ist für mich wichtig?
Welche Informationen erwarte ich von diesem Text?
Welchen Bezug hat dieser Text zu meinem Thema?
Was ist das Ziel des Autors?
Was ist das Problem, das der Autor behandeln will?
Stellt der Autor eine Hypothese auf? Wenn ja, welche?
Gegen was oder wen schreibt er?
Was ist seine Hauptthese?
Wie ist der Argumentationsaufbau?
Welche Schlussfolgerung zieht er?
Sonstiges:

Sie werden dadurch schneller herausfinden, ob der befragte Text Antworten auf Ihre Fragen enthält oder nicht. Wenn nicht, legen Sie ihn getrost zur Seite, um in einem anderen weiter zu suchen.

Wie gehen Sie dabei vor?
- Überfliegen Sie zunächst den Text, um einen Überblick zu gewinnen.
- Finden Sie die interessanten Passagen.
- Schreiben Sie Ihre Fragen auf.
- Lesen Sie den Text aufmerksam.
- Beantworten Sie Ihre Fragen schriftlich, und zwar mit eigenen Worten. Gehen Sie kritisch vor: Notieren Sie Ihre Kommentare, ziehen Sie Schlüsse, stellen Sie Zusammenhänge her. Überprüfen Sie die Stichhaltigkeit der Argumente des Autors.
- Wiederholen Sie diesen Prozess bei jeder Textpassage. Die Fragewiederholung und die Beantwortung der Fragen wird Ihnen helfen, die Kohärenz zwischen Fragen und Antworten zu überprüfen.
- Markieren Sie wichtige oder unklare Stellen im Text, um diese später nochmals zu bearbeiten.

Wie fasse ich einen Text mit eigenen Worten zusammen?

Was man nicht versteht, besitzt man nicht.
Johann Wolfgang von Goethe

Beim Lesen bestimmter Texte scheint es einem oft unmöglich, das Gelesene mit eigenen Worten wiederzugeben oder zusammenzufassen: Der Stil ist perfekt, und alle Informationen scheinen unentbehrlich. Um jedoch Abstand zu gewinnen und das Wesentliche herauszufiltern, ist es manchmal notwendig, einen Text mit eigenen Worten wiedergeben zu können. Auch dafür gibt es eine bewährte Methode, die im Folgenden vorgestellt wird.

Nachdem Sie einen Text gelesen haben, legen Sie ihn beiseite. Nehmen Sie ein Blatt im Querformat und teilen Sie es folgendermaßen auf (siehe S. 112).

ARBEITSBLATT: **Einen Text mit eigenen Worten zusammenfassen**

Autor:

Titel:

Seiten der Textpassage:

Was habe ich vom Text behalten?

Korrekturen und Ergänzungen

1. Schreiben Sie in der linken Spalte auf, was Sie vom Text behalten haben. Wenn Sie sich nicht erinnern können, schreiben Sie *Ich erinnere mich nicht, ich erinnere mich nicht*, bis Ihnen etwas einfällt. Wenn Sie das passende Wort nicht mehr finden, notieren Sie ein anderes. Wichtig ist, dass Sie das niederschreiben, was Sie behalten haben. Schreiben Sie dabei zügig und ohne nachzuschlagen!

2. Lesen Sie den Originaltext wieder und tragen Sie Korrekturen und Ergänzungen in der rechten Spalte ein.

Hier noch einige Hinweise:

▸ Es empfiehlt sich, diese Übung unmittelbar nach dem Lesen zu machen, da hier das Kurzzeitgedächtnis aktiviert wird.

▸ Bei langen Texten ist es außerdem ratsam, die Lektüre in Etappen einzuteilen und Schritt für Schritt eine Textpassage zu lesen, sie dann zusammenzufassen und zur Kontrolle nochmals zu lesen.

▸ Wie lang soll die gelesene Textpassage sein? Das hängt vom Schwierigkeitsgrad, von der Dichte der Informationen, aber auch von Ihrem momentanen Auffassungsvermögen ab. Überlegen Sie, wie lange Sie sich beim Lesen des ausgewählten Textes konzentrieren können, wie viele Informationen Sie behalten können und teilen Sie den Text entsprechend ein.

Dieses Verfahren sieht zwar zunächst zeitaufwendig aus. Sie werden aber bald feststellen, dass Sie mit etwas Übung die wichtigen Informationen immer besser und schneller herausfiltern und sich merken können.

TIPP

Die Vorteile der selbstgeschriebenen Zusammenfassung

▸ Sie prägen sich den Textinhalt ein.
▸ Sie eignen sich eine Fachsprache ggf. eine Fremdsprache an.
▸ Sie überprüfen Ihr Textverständnis.
▸ Sie konzentrieren sich auf das Wesentliche.
▸ Sie trainieren Ihr Gedächtnis.

Wie exzerpiere ich einen Text?

Lesen macht einen Menschen vielseitig,
Verhandlungen machen ihn geistesgegenwär-
tig, Schreiben genau.
Francis Bacon

Man kann beim Lesen nicht alles behalten und macht sich deshalb Notizen. Dies ist zwar ein sehr subjektives Verfahren, jedoch viel besser als das bloße Abschreiben von Sätzen, die zwar beim Lesen wichtig erscheinen, aber einige Wochen später unverständlich geworden sind. Aus ihrem Kontext gerissen bedeuten sie nichts mehr. Die Zeit, die man zu gewinnen glaubt, verliert man im Nachhinein: Man sucht den Text, die genaue Textstelle, den genauen Satz und stellt oft fest, dass dieser Satz letztendlich uninteressant ist.

Eine effektive Methode, das Wesentliche eines Textes schriftlich festzuhalten ist, ihn zu exzerpieren und dabei einer gewissen Struktur zu folgen. Idealerweise beinhaltet ein Exzerpt alle Informationen, die Sie für eine spätere Verwendung (Referat, Hausarbeit) benötigen werden.

Bewahren Sie Ihre Exzerpte in einem Heftordner auf. Wenn Sie schon eine Gliederung für Ihren Text haben, richten Sie den Ordner entsprechend den Kapiteln Ihrer geplanten Arbeit ein. So werden Sie jedes Exzerpt gleich an der richtigen Stelle einordnen können und Ihre Arbeit Tag für Tag wachsen und gedeihen sehen!

TIPP

Bringen Sie Farbe in Ihre Ordner!

Wenn Sie Ihre Exzerpte auf verschiedenfarbigem Papier ausdrucken, wird sich Ihre Suche nach einem bestimmten Exzerpt oder Satz vereinfachen: Öfter als Sie denken merkt sich Ihr Gehirn die Papierfarbe, auf der ein Text steht.

Blättern Sie von Zeit zu Zeit in Ihrem Ordner, lesen Sie Ihre Exzerpte und verfassen Sie kurze Texte dazu. So werden Sie Ihr Wissen besser ordnen und auswerten können. Unser Arbeitsblatt gibt einige Anregungen zum systematischen Exzerpieren (siehe Seite 115).

| ARBEITSBLATT: | **Exzerpt** |

Schlagworte:
Titel des Buchs/Überschrift des Kapitels:
Thema des exzerpierten Textes:
Genaue bibliographische Angaben:
Standort:
Signatur (*bei Bibliotheksbüchern*):
Lesedatum: Wann haben ich den Text gelesen?
Zusammenfassung (Siehe S. 111 ff: *Wie fasse ich einen Text mit eigenen Worten zusammen?*)
Zitate: (*mit genauer Seitenangabe*)
Mein Kommentar (*Siehe S. 116: Wie bekomme ich Abstand zum gelesenen Text?*)
Stellenwert für meine eigene Arbeit: (*Welchen Stellenwert hat der Text für Ihre Arbeit? Ist er zentral oder zweitrangig? Welche Rolle wird er in Ihrer Arbeit spielen?*)
Zuordnung zu bestimmten Abschnitten meiner Arbeit: (*Wenn Sie schon eine Gliederung haben: In welchem Kapitel, in welchem Teil werden Sie den Text behandeln? Vielleicht wissen Sie es zum Zeitpunkt des Exzerpierens noch nicht. Das werden Sie aber im Laufe Ihrer Recherche herausbekommen und diese Zeile später ergänzen können. Vorsicht: Falls Sie Ihre Gliederung verändern, denken Sie daran, diese Information ebenfalls zu korrigieren!*)
Verweis auf andere Texte, eventuell auf andere Exzerpte:

Wie erfasse ich Informationen über einen nicht-schriftlichen Gegenstand?

*Um Vollkommenheit zu erreichen, muß man
erst vieles nicht begriffen haben! Begreifen wir
zu schnell, so begreifen wir wahrscheinlich
nicht gründlich.*

Fjodor M. Dostojevskij

Sie können sich vom obigen Modell inspirieren lassen, um Notizen über nicht schrift-liche Gegenstände, z.B. ein Kunstwerk systematisch festzuhalten (siehe S. 117).

Wie bekomme ich Abstand zum gelesenen Text?

*Du solltest nicht vor einem Argument in die
Knie brechen! Auch wenn es überzeugt...
Es beweist nichts!*

Ludwig Marcuse

Wie oft fühlt man sich als Leser von einem Text erschlagen? Wie oft fühlt man sich unfähig, Abstand zu ihm zu bekommen? Distanz ist aber die unabdingbare Voraussetzung für kritisches Lesen. Die folgenden Übungen geben Ihnen Anre-gungen, wie Sie Abstand zum Text gewinnen können.

Assoziationen zu einem Text entwickeln:

▶ Lesen Sie einen Text.
▶ Legen Sie ihn beiseite.
▶ Nehmen Sie ein Blatt im Querformat. In der Mitte notieren Sie die Textüber-schrift – nicht den Buchtitel, wenn Sie sich nur mit einem Textabschnitt be-schäftigen: Hat dieser Abschnitt keine Überschrift, dann geben Sie ihm eine.
▶ Notieren Sie alle Assoziationen, Fragen, Gedanken, Satzfetzen usw., die der Text bei Ihnen hervorruft. Dies können Sie mit Hilfe eines Assoziogramms oder eines Brainstormings machen (Siehe S. 136: Wie finde ich Ideen?)
▶ Verfassen Sie, ausgehend vom Assoziogramm oder vom Brainstorm, einen Text zum Urtext.

Assoziationen zu bestimmten Begriffen entwickeln

▶ Lesen Sie aufmerksam den Text.
▶ Unterstreichen oder notieren Sie die Worte, die für Sie wichtig oder problema-tisch sind.

ARBEITSBLATT: **Notizen über ein Kunstwerk**

Schlagworte:
Titel:
Autor:
Datum: (*Wann habe ich es gesehen?*)
Ausstellungsort:
Entstehungsdatum:
Einordnung in der Kunstgeschichte:
Beschreibung:
Analyse:
Interpretation:
Stellenwert für meine eigene Arbeit:
Zuschreibung zu bestimmten Abschnitten meiner Arbeit:
Verweis auf andere Kunstwerke:
Verweis auf Texte, die das Thema behandeln:

▸ Wählen Sie fünf davon.

▸ Zu jedem Wort schreiben Sie all Ihre Assoziationen mit Hilfe eines Assoziogramms oder eines Brainstormings nieder und verfassen Sie anschließend
einen kurzen Text zum jeweiligen Kernwort.

So werden Sie eine Reihe von kurzen Texten erhalten, die nichts anderes als ein
Dialog mit dem Autor sind.

Dem Autor einen Brief schreiben.

▸ Fangen Sie z.B. an mit „Lieber Herr Kant" oder „Hallo Immanuel".

▸ Beginnen Sie Ihren Brief mit einleitenden Worten.

▸ Rekapitulieren Sie den Inhalt des Textes, über den Sie mit dem Autor diskutieren wollen.

▸ Erzählen Sie ihm, was Sie am Text interessant finden, und warum.

▸ Stellen Sie ihm Fragen zu den für Sie problematischen Punkten und wagen
Sie Interpretationen.

▸ Erwägen Sie die Punkte, die für Sie zur Diskussion stehen. Erklären Sie ihm,
weshalb es sich Ihrer Meinung nach lohnen würde, darüber zu diskutieren.

Wie erfasse ich die Grundstruktur eines Textes?

*(Ich) empfehle nach wie vor Liberalität bei
philosophischer Lektüre, sich nicht auf
Ausdrücke, nicht einmal einzelne Sätze
festbeißen, sondern erst die gedankliche
Struktur im Großen zu erfassen suchen, von
der aus sich die Details weithin erschließen.*
Theodor W. Adorno

Bevor man sich mit einem Text auseinandersetzt, ist es hilfreich, seine Grundstruktur zu erfassen: Was ist das Ziel des Textes, zu welcher Schlussfolgerung
kommt der Autor? Welches sind die Hauptgedanken, welche Gedanken sind
untergeordnet? Hat man diese Fragen geklärt, fällt das Lesen und Verstehen viel
leichter.

Die folgende Übung bedient sich der Methode der sog. *Mind map* (*Mind map*
bedeutet übersetzt soviel wie Geisteskarte, Gedankenkarte oder Wissenslandkar-
te), die der Psychologe Tony Buzan entwickelt hat. Durch diese Technik werden
Verknüpfungen zwischen Gedanken sichtbar. Die Mind map beginnt in der
Mitte des Blattes und breitet sich dann sternförmig nach außen hin aus. Von da
aus breiten sich die Gedanken wie Äste aus: Einem Hauptgedanken entspricht
jeweils ein Hauptast, der sich dann in mehrere Zweige unterteilt – den unterge-

ordneten Gedanken entsprechend. Farben können helfen, die unterschiedlichen Ebenen deutlicher darzustellen. Die Mind map kann natürlich ergänzt werden, z.B. mit Symbolen und Pfeilen. Aber Vorsicht! Sie muss lesbar bleiben!

Zur Veranschaulichung lesen wir nun einen Text von Gaston Bachelard: *Der Begriff des Erkenntnishindernisses.*

Sucht man nach den psychologischen Voraussetzungen des wissenschaftlichen Fortschritts, so gelangt man bald zu der Überzeugung, dass das Problem der wissenschaftlichen Erkenntnis unter dem Begriff des Hindernisses angegangen werden muss. Und dabei geht es nicht um eine Betrachtung äußerer Hindernisse wie der Komplexität und Flüchtigkeit der Erscheinungen, auch nicht um eine Klage über die Schwäche der Sinne und des menschlichen Geistes: im Erkenntnisakt selbst, in seinem Inneren, erscheinen – aufgrund einer Art funktioneller Notwendigkeit – Trägheit und Verwirrung. Dort werden wir Ursachen für Stagnation und sogar Regression aufzeigen, dort die Trägheitsursachen aufdecken, die wir Erkenntnishindernisse nennen werden. Die Erkenntnis des Wirklichen ist ein Licht, das immer auch Schatten wirft. Sie ist niemals unmittelbar und vollständig. Die Enthüllung des Wirklichen ist immer rückwärts gewandt. Das Wirkliche ist niemals „was man glauben könnte", es ist immer, was man hätte denken müssen. Das empirische Denken ist klar erst im nachhinein, wenn der Apparat der Erklärung zum Zuge gekommen ist. Im Rückblick auf eine Vergangenheit von Irrtümern findet man die Wahrheit in einer echten intellektuellen Reue. Man erkennt gegen ein früheres Wissen, indem man schlecht gegründete Erkenntnisse zerstört und das überwindet, was im Geist selbst sich der Vergeistigung widersetzt.

Die Vorstellung, bei Null zu beginnen und sein Vermögen zu gründen und zu mehren, kann nur in Kulturen einfacher Nebeneinanderordnung aufkommen, in denen eine erkannte Tatsache unmittelbar Reichtum bedeutet. Aber vor dem Geheimnis des Wirklichen kann sich die Seele nicht per Dekret in den Zustand der Unschuld versetzen. Es ist also unmöglich, mit einem Schlage reinen Tisch mit dem überkommenen Wissen zu machen. Was man deutlich zu wissen glaubt, verdunkelt angesichts des Wirklichen, was man wissen müsste. Wenn der Geist sich der wissenschaftlichen Bildung stellt, ist er niemals jung. Er ist sogar sehr alt, denn er ist so alt wie seine Vorurteile. In die Wissenschaft eindringen bedeutet geistige Verjüngung, heißt sich auf eine brüske Veränderung einlassen, die einer Vergangenheit widersprechen muss.

Mit ihrem Bedürfnis nach Vollendung wie mit ihrem Prinzip steht die Wissenschaft in einem vollkommenen Gegensatz zur Meinung. Wenn sie einmal in einem besonderen Punkt die Meinung rechtfertigen sollte, so aus anderen als für die Meinung ausschlaggebenden Gründen, so dass die Meinung auch im Recht immer Unrecht hat. Die Meinung denkt falsch; sie denkt nicht: Sie übersetzt Bedürfnisse in Erkenntnisse. Indem sie die Gegenstände durch ihre Nützlichkeit bestimmt, nimmt sie sich die Möglichkeit, sie zu erkennen. Auf die Meinung lässt sich nichts gründen: Sie gilt es allererst zu zerstören. Sie ist das erste Hindernis, das überwunden werden muss. Es genügte zum Beispiel nicht, sie in einzelnen Punkten richtigzustellen, wie eine Art provisorischer Moral, ein provisorisches Vulgärwissen. Der wissenschaftliche Geist verbietet uns Mei-

nungen über Fragen, die wir nicht verstehen, über Fragen, die wir nicht klar zu formu-
lieren wissen. Vor allem gilt es, Probleme aufzustellen. Und im wissenschaftlichen Leben
stellen sich die Fragen gewiss nicht von selbst. Gerade dieses Problembewusstsein kenn-
zeichnet den wirklichen wissenschaftlichen Geist. Für einen wissenschaftlichen Geist
ist jede Erkenntnis die Antwort auf eine Frage. Hat es keine Frage gegeben, kann es
auch keine wissenschaftliche Erkenntnis geben. Nichts kommt von allein. Nichts ist
gegeben. Alles ist konstruiert.

Gaston Bachelard, *Die Bildung des wissenschaftlichen Geistes*, Suhrkamp Verlag, 1978, Frankfurt am Main. Seiten 46-47.

Wie gehen Sie vor?
▸ Überfliegen Sie den Text, um sich einen Überblick zu verschaffen.
▸ Überfliegen Sie den Text ein zweites Mal und achten Sie auf den Textaufbau: Welches sind die Hauptteile? (Ist der Text so gut aufgebaut wie dieser, kann man sich an den unterschiedlichen Absätzen und den ersten Sätzen der jeweiligen Absätze orientieren). Unterstreichen Sie die Schlüsselworte.
▸ Fertigen Sie eine Mind map an, indem Sie die Überschrift des gelesenen Textes in die Mitte eines Blattes schreiben; zeichnen Sie dann für jeden Hauptteil des Textes einen Hauptast. Zum Beispiel:

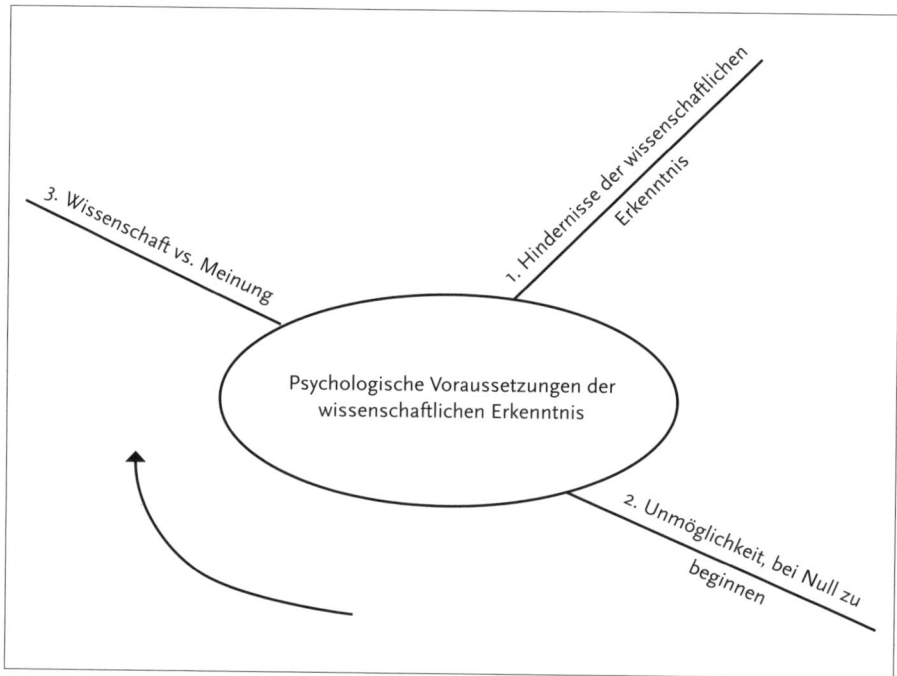

▶ Lesen Sie den Text und ergänzen Sie die Mind map. Ausgehend von den Hauptästen zeichnen Sie nun Nebenäste und notieren Sie darauf die jeweiligen untergeordneten Informationen in Form von Schlüsselworten. So z.B. für unseren Text:

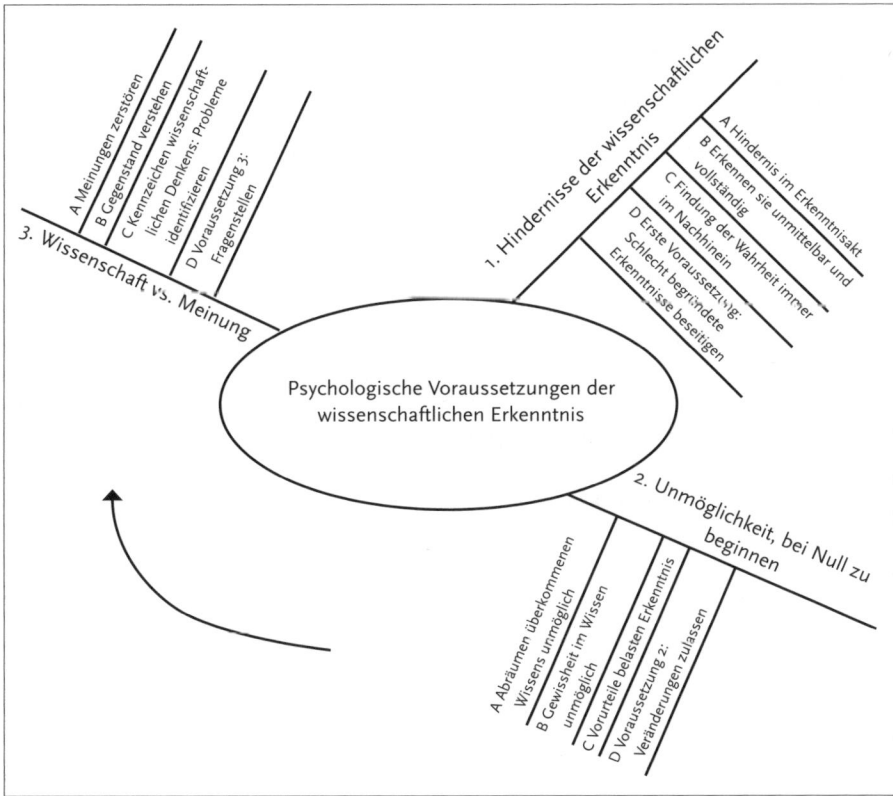

▶ Legen Sie notfalls Ihre Mind map neu an. Behalten Sie nur die Begriffe, die Sie für ein späteres Erinnern benötigen. Sie können überprüfen, ob Sie alle wichtigen Daten notiert haben, indem Sie den Text nur mit Hilfe Ihrer Mind map einem Freund vorstellen.

PRAXIS

Referate mit Mind maps unterstützen.

Sie können auch Mind maps für eine elegante Präsentation Ihres Referats oder Vortrags benutzen. Neben kostenpflichtiger Software finden Sie auch kostenlose Programme, die Ihnen helfen, Ihr Wissen für Ihre Arbeit in Konzeptdiagrammen darzustellen, wie z. B.:

▶ *IHMC CmapTools*: http://cmap.ihmc.us/download. Für Windows, Mac, Linux und Solaris.

▶ *Inforapid*: http://www.inforapid.de. Nur für PC.

▶ *Create a Graph*: http://nces.ed.gov/nceskids/Graphing (Nur Grafiken. Sie brauchen es nicht herunterzuladen. Die Grafik kann online erstellt und gespeichert werden.)

Wie visualisiere ich den Inhalt eines Textes?

Lesen und Verstehen ist wie Trinken und Schmecken.
Hermann Lahm

Der Inhalt eines Textes kann auf verschiedene Weise erfasst werden, je nachdem, unter welchem Aspekt man ihn untersuchen will.

Visualisierung einer Problemanalyse

Wenn Sie das in einem Text behandelte Problem erfassen und bestimmen möchten, übersetzen Sie den Text in ein Schema mit Hilfe von Fragen. Hier zunächst der Beispieltext, ein Abschnitt aus Immanuel Kants Text „Beantwortung der Frage: Was ist Aufklärung?".

Aufklärung ist der Ausgang des Menschen aus seiner selbst verschuldeten Unmündigkeit. Unmündigkeit ist das Unvermögen, sich seines Verstandes ohne Leitung eines anderen zu bedienen. Selbstverschuldet ist diese Unmündigkeit, wenn die Ursache derselben nicht am Mangel des Verstandes, sondern der Entschließung und des Mutes liegt, sich seiner ohne Leitung eines anderen zu bedienen. Sapere aude! Habe Mut dich deines eigenen Verstandes zu bedienen! ist also der Wahlspruch der Aufklärung.

Faulheit und Feigheit sind die Ursachen, warum ein so großer Teil der Menschen, nachdem sie die Natur längst von fremder Leitung frei gesprochen (naturaliter maiorennes), dennoch gerne zeitlebens unmündig bleiben; und warum es anderen so leicht wird, sich zu deren Vormündern aufzuwerfen. Es ist so bequem, unmündig zu sein. Habe ich ein Buch, das für mich Verstand hat, einen Seelsorger, der für mich Gewissen hat, einen Arzt, der für mich die Diät beurteilt, usw., so brauche ich mich ja nicht selbst zu bemühen. Ich habe nicht nötig zu denken, wenn ich nur bezahlen kann; andere werden das verdrießliche Geschäft schon für mich übernehmen. Daß der bei weitem größte Teil der Menschen (darunter das ganze schöne Geschlecht) den Schritt zur Mündigkeit, außer dem daß er beschwerlich ist, auch für sehr gefährlich halte: dafür sorgen schon jene Vormünder, die die Oberaufsicht über sie gütigst auf sich genommen haben. Nachdem sie ihr Hausvieh zuerst dumm gemacht haben, und sorgfältig verhüteten, daß diese ruhigen Geschöpfe ja keinen Schritt außer dem Gängelwagen, darin sie sie einsperreten, wagen durften, so zeigen sie ihnen nachher die Gefahr, die ihnen drohet, wenn sie es versuchen, allein zu gehen. Nun ist die Gefahr zwar eben so groß nicht, denn sie würden durch einigemal Fallen wohl endlich gehen lernen; allein ein Beispiel von der Art macht doch schüchtern, und schreckt gemeiniglich von allen ferneren Versuchen ab.

Aus: Immanuel Kant, „Beantwortung der Frage: Was ist Aufklärung?" in: *Was ist Aufklärung? Ausgewählte kleine Schriften*, Hamburg, 1999, S. 20.

Vielleicht scheint Ihnen dieser Text bei der ersten Lektüre schwer verständlich zu sein. Seinen Inhalt in einem Schema darzustellen wird Ihnen helfen, die wichtigsten Informationen herauszufiltern und zu ordnen. Mehr noch: Ein solches Schema wird Ihnen beim Memorieren eine große Unterstützung sein. Zwar gibt es verschiedene Weisen, diesen Text zu lesen. Wir wollen uns aber hier auf die Formulierung und die Analyse des in dieser Textpassage dargestellten Problems konzentrieren.

Stellen Sie sich folgende Fragen:
▶ Was ist das vom Text behandelte Problem?
▶ Wie wird das Problem definiert?
▶ Was sind seine Symptome?
▶ Was sind seine Ursachen?
▶ Was sind seine Wirkungen?
▶ Bietet der Text eine Antwort auf das Problem oder eine Lösung? Welche?

Tragen Sie diese Fragen und die jeweiligen Antworten in folgendes Schema ein:

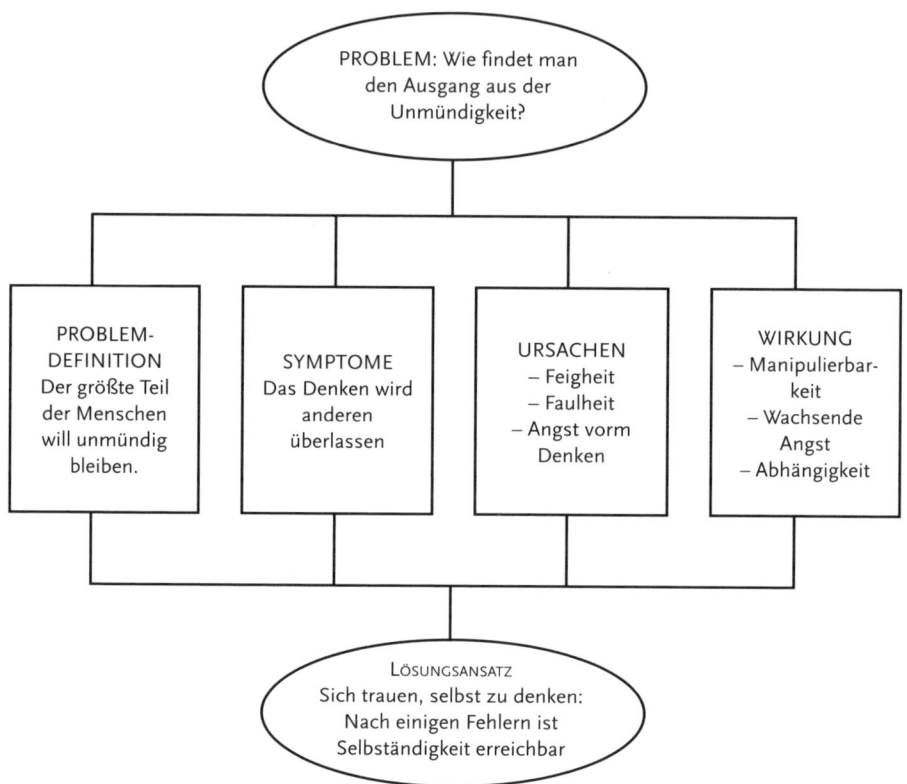

Schema einer Problemanalyse

Eine Argumentationsstruktur visualisieren

Sie können auch die Argumentationsstruktur eines Textes durch ein Schema visualisieren. Suchen Sie nach der These und den unterschiedlichen Argumenten und beobachten Sie, wie sie sich aneinanderreihen. Nehmen wir wieder den Text von Bachelard und erstellen ein Schema, so ergibt sich eine Struktur wie die hier gezeigte.

Vorsicht: Dieses Schema entspricht nur einer kurzen Textpassage und gibt nicht die ganze Argumentation von Bachelard wieder, die natürlich viel länger ist. Wir haben hier weder allgemeine Einleitung noch allgemeine Schlussfolgerung. Diese fehlenden Teile sind im Schema gepunktet notiert, so dass auch Sie an sie denken, wenn Sie selbst ein solches Argumentationsschema erstellen.

Achtung: Dieses ist nur ein Modell unter vielen möglichen. Achten Sie bei jedem Text auf seine eigene Struktur. Es ist wenig sinnvoll, dieses Muster gewaltsam auf einen völlig anders aufgebauten Text zu übertragen.

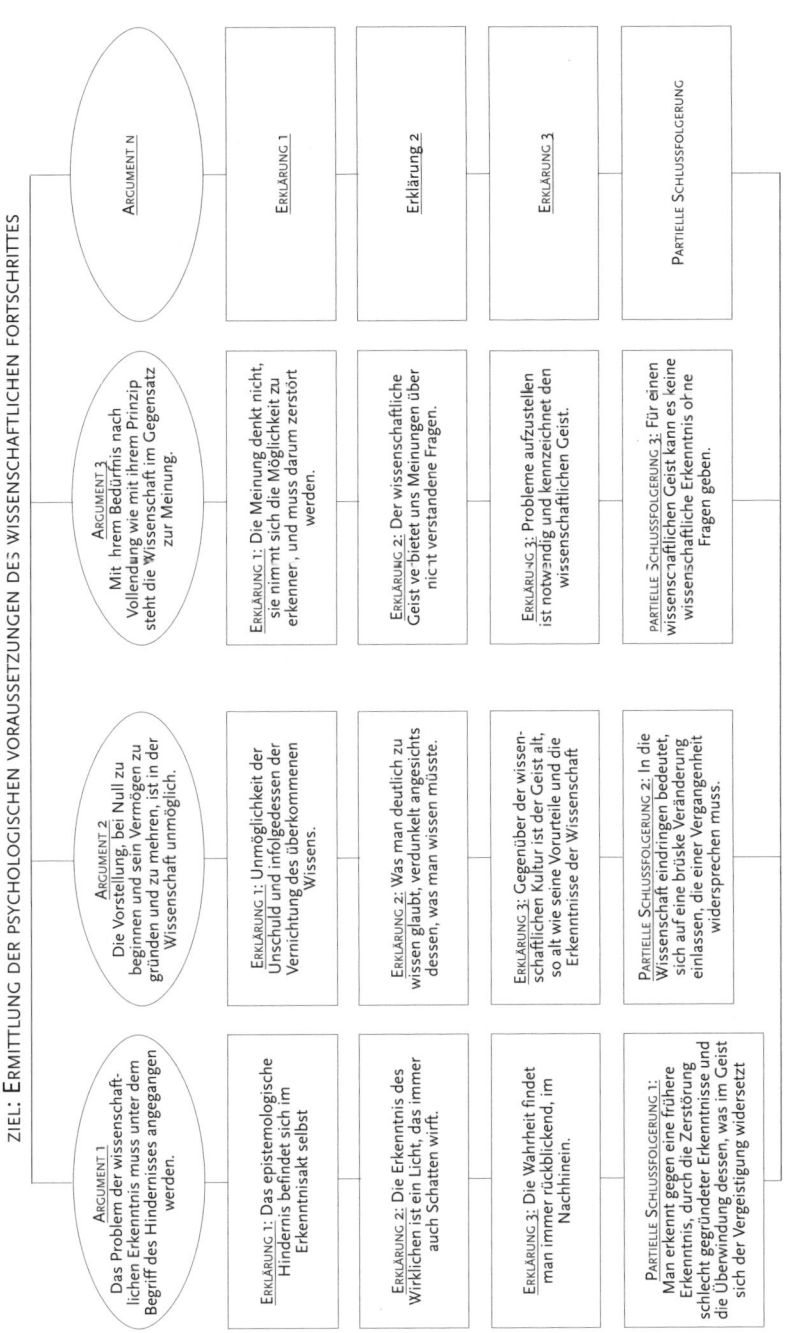

Teil III Schreiben

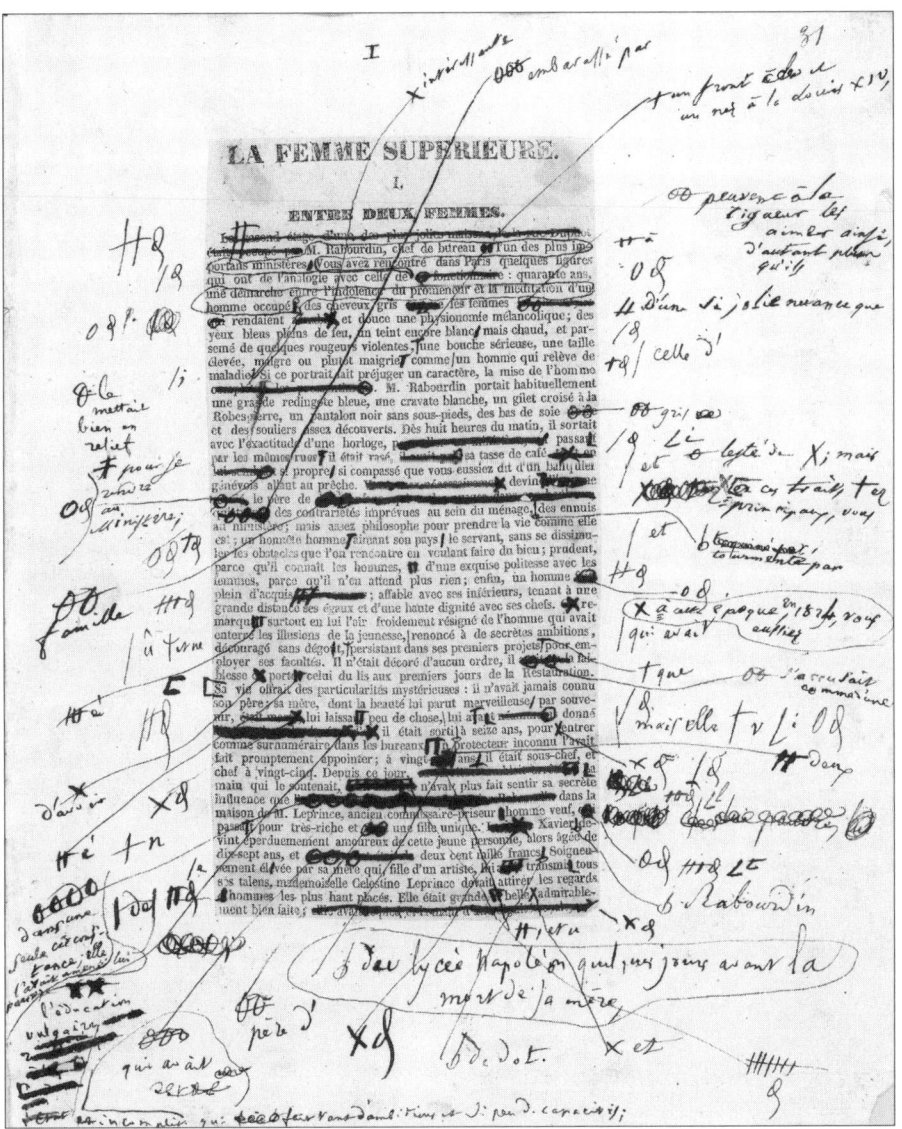

Honoré de Balzac: Seite mit Fahnenkorrekturen für „La femme supérieure", 1837
(Bibliothèque nationale de France, Paris)

Schreiben: Alle haben es gelernt und geübt, von der Grundschule bis zum Abitur. Und dennoch ist die Ursache der meisten Studienabbrüche das Schreiben, nicht mangelndes Wissen. Das Problem verschärft sich, wenn es darum geht, eine umfangreichere Arbeit zu schreiben. Viele geben auf, wenn sie anfangen müssen zu schreiben. Dabei haben sie das Material sorgfältig gesammelt und gelesen, sie haben alle relevanten Informationen im Kopf und sogar die nötige Erfahrung, um eine gute Arbeit zu schreiben. Was aber ist dann so schwierig? Jeder steht vor Beginn einer Arbeit vor den gleichen Fragen: Wo fange ich an? Wie ordne ich meine Gedanken? Wie behalte ich den roten Faden im Blick? Wie schreibe ich einen Text, der den Anforderungen der Hochschule entspricht? Diese Gedanken schwirren im Kopf herum, Emotionen mischen sich hinein. Angst zu scheitern, der Ehrgeiz, einen sehr guten Text abzugeben, der Wille, alles zu wissen und alle Informationen im Text unterzubringen, bewirken immer größere Hemmungen.

Will man diesen Zustand vermeiden oder überwinden, geht man am besten in kleinen Schritten vor, etappenweise. Es ist dabei sehr wichtig, jede Etappe abzuschließen, bevor man die nächste angeht.

Kapitel 1: Wie bekomme ich Ordnung ins Chaos der Gedanken?

Man muss wissen, dass ein guter Text nicht beim ersten und einzigen Entwurf entsteht, schon gar nicht bei ungeübten Schreibern. Schreiben besteht aus Versuchen – manche fruchtbarer als andere. Es werden Fortschritte, aber auch Rückschritte erlebt. Sackgassen werden ergründet. Darum müssen Sie sich unbedingt Zeit für die Vorarbeit lassen und Zeit für eine gründliche Textüberarbeitung einplanen. Denn: Ein guter Text wird mehrmals überarbeitet, verfeinert, korrigiert – und wieder überarbeitet.

Die 7 Phasen der Textproduktion

Die Ideen in meinem Kopf des Nachts gehen
mehr wie Ratzen und Mäuse umher, ich
mußte mich erst an sie gewöhnen ehe ich
einschlafen konnte.

Georg Christoph Lichtenberg

Gehen Sie Ihre Arbeit Schritt für Schritt an, so werden Sie sehen, wie sich der Text langsam aufbaut und immer besser wird. Wie gehen Sie dabei am effektivsten vor? Zunächst einige Hinweise:

▶ Schreiben Sie ein weiteres Exposé (siehe Seite 80), um Ihre Gedanken wieder zu konzentrieren. Sie werden dabei auch überprüfen können, ob sich die Themengrenze vielleicht verschoben hat und ob Ihre Gliederung noch stimmt.
▶ Schreiben Sie erst einmal drauflos, und zwar ohne Unterlagen: Sie haben sich mit dem Thema bereits intensiv auseinandergesetzt und wissen genug, um eine erste Skizze zu schreiben. Vertrauen Sie Ihrem Gedächtnis: Es wird sich die wichtigsten Elemente gemerkt haben.
▶ Halten Sie sich beim Schreiben des Erstentwurfes nicht an Ihren Unterlagen fest, sonst blockieren Sie den Gedankenfluss. Sie werden bei der inhaltlichen Textüberarbeitung wieder herangezogen.

Hier finden Sie die sieben Phasen der Textproduktion auf einem Blick.

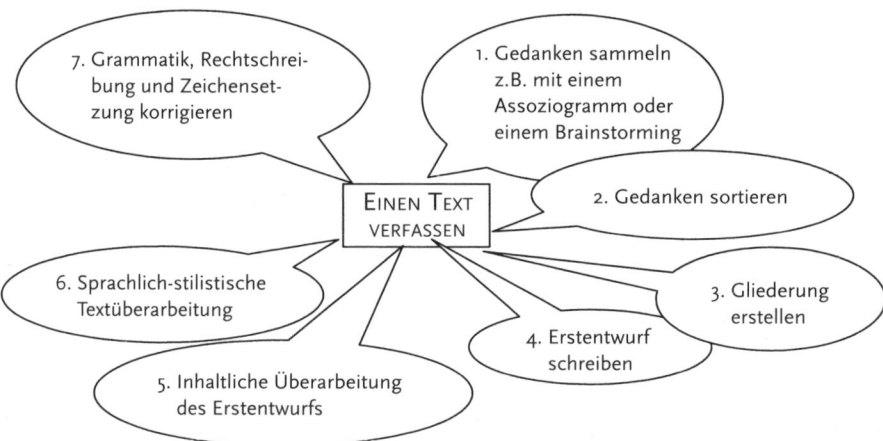

Schreiben Sie an einer umfangreichen Arbeit, können Sie die verschiedenen Teile nach diesem Muster angehen:

Für jeden Teil oder jedes Kapitel:
1. Gedanken sammeln
2. die Gliederung des Kapitels erstellen
3. einen Erstentwurf verfassen
4. den Erstentwurf inhaltlich überarbeiten.

Sie sollten die sprachlich-stilistische Überarbeitung und die Korrekturen erst dann angehen, wenn der gesamte Text fertig geschrieben ist. Falls Sie in einer Fremdsprache schreiben, quälen Sie sich nicht mit ständigen Überprüfungen von Grammatik und Rechtschreibung: Das blockiert den Gedankenfluss. Die Korrektur kann erfolgen, wenn der Text beendet ist.

Wie erarbeite ich eine Fragestellung?

Kluge Fragen sind die halbe Weisheit.
Francis Bacon

Eine wissenschaftliche Überlegung geht von einem Problem aus: Man findet etwas wunderlich, kurios, merkwürdig, rätselhaft. Manchmal hat man zunächst nur ein Gefühl oder eine Intuition. Man steht vor einem Rätsel und will es lösen. Wenn Sie zunächst kein Problem in Ihrem Thema sehen, dann suchen Sie nach dem Rätselhaften, dem Widersprüchlichen, dem Erstaunlichen darin. Ihre Forschung wird dadurch spannender (Rätsel stellen einen Ansporn für das Denken dar) und Ihre Arbeit leichter: Steht das Problem im Zentrum Ihrer Untersuchung, organisiert es die Gedanken um sich herum und nährt Ihre Überlegungen. Das Problem, das Sie untersuchen wollen, wird in der Fragestellung ausgedrückt: Sie problematisiert das Thema.

TIPP

Bauen Sie Spannung im Text auf!

Ein wissenschaftlicher Text ähnelt auf manche Weise einem Krimi: Ausgangspunkt ist ein Problem, eine Frage: *Wer hat getötet?* Der gute Krimi liefert nicht gleich die Lösung. Der Autor baut Spannung auf. Genauso wird ein guter wissenschaftlicher Text die Antwort nicht gleich liefern, sondern sich ihr Schritt für Schritt nähern. Bauen Sie Spannung in Ihren Text ein, betonen Sie das Interessante an Ihrer Fragestellung, laden Sie den Leser zum Mitdenken ein und verschieben Sie die Beantwortung der Frage!

Trotz diese Ähnlichkeit, gibt es einen wichtigen Unterschied: Um die Aufmerksamkeit des Lesers zu wecken und aufrechtzuerhalten, versucht der Krimiautor, den Leser auf falsche Wege zu locken und Situationen zu verkomplizieren. Der Autor eines wissenschaftlichen Textes dagegen muss so klar und deutlich wie möglich bleiben; er darf seinen Leser nicht irreführen. Die Spannung seines Textes ist anderer Art: Sie besteht in einem Gedankenweg, in den gestellten Fragen, in einer Analyse, in der Überprüfung von Antwortelementen.

Schlüpfen Sie also in die Haut eines Detektivs und suchen Sie nach dem Problem. Stellen Sie die Fragen, die Ihrer Arbeit Orientierung bieten können. Bringen Sie nicht gleich die Lösung: Lassen Sie sich Zeit zum Nachdenken, und zeigen Sie, auf welchem Weg Sie zu Ihrem Ergebnis kommen.

Was Ihren Professor interessiert, ist weniger die Lösung, die Sie eventuell finden werden, als die Überlegungen, die Fragestellung, die Analyse, die Sie zu einer möglichen Antwort führen: Er will sehen, dass Sie denken, Fragen stellen, in Frage stellen, hinterfragen können und dass Sie einen kritischen Blick haben.

Erarbeiten Sie eine Fragestellung, und zwar vor Beginn der Arbeit: Sie werden Ihre Studie gezielt angehen und Ihre Gedanken leichter gliedern können. Die Fragen auf unserem Arbeitsblatt (S. 133) können dabei helfen.

Anschließend können Sie einen kurzen Text verfassen, um Ihr Projekt zu skizzieren. Wenn Sie den Text in Form eines Briefs an einen konkreten Adressaten schreiben, wird es Ihnen leichter fallen, Ihre Gedanken logisch und strukturiert darzustellen. Formulieren Sie dabei

▶ den Gegenstand Ihrer Arbeit
▶ das Problem, das Sie behandeln wollen
▶ wie Sie es behandeln wollen.

Wie identifiziere ich ein Problem?

Ein Wissenschaftler gibt nicht die richtigen
Antworten, sondern er stellt die richtigen
Fragen.
Claude Lévy-Strauss

Vorsicht! Um eine Fragestellung zu erarbeiten muss das eigentliche Problem dingfest gemacht werden und nicht ein nur scheinbares Problem. Oft neigt man dazu, einen Hinweis auf ein Problem mit dem Problem selbst zu verwechseln. Obwohl

ARBEITSBLATT:	**Erarbeitung einer Fragestellung**

Thema:
Was ist der Gegenstand meiner Studie?
Was ist das problematische an diesem Gegenstand? Was erscheint mir unklar, paradox, widersprüchlich, erstaunlich, interessant, unerforscht? (*Notieren Sie spontan alle Fragen, die Ihnen einfallen.*)
Welche dieser Fragen verlangt in besonderer Weise nach einer Diskussion?
Weswegen interessiert sie mich mehr als die anderen Fragen?
Welches wissenschaftliche Problem beinhaltet diese Frage?
Welche Aspekte des Problems will ich nicht behandeln? Aus welchen Gründen?
Auf welchen Aspekt des Problems werde ich meine Studie konzentrieren, welche Felder will ich untersuchen?
Wie lautet meine Fragestellung?

dieses Indiz oder Symptom zunächst vielleicht als Problem empfunden wird, ist es dennoch nicht mehr als die Spitze des Eisbergs – um es bildlich zu sagen. Wenn Sie aber den Eisberg betrachten, wissen Sie, dass sich 80% seines Volumens unterhalb der Wasseroberfläche befindet. Konzentriert man sich bei der Untersuchung eines Problems auf den sichtbaren Teil – das Symptom – bleibt man an der Oberfläche bzw. geht an dem tieferliegenden Problem vorbei. Vor Beginn einer Untersuchung müssen Sie daher versuchen, das eigentliche Problem zu erfassen.

Ein Beispiel: Sie leiden unter Kopfschmerzen und suchen einen Arzt auf. Der schlechte – oder eilige – Arzt wird Ihnen ohne weitere Untersuchung Arzneien gegen Kopfschmerzen aufschreiben. Der gewissenhafte Arzt wird nach den Ursachen der Schmerzen suchen und sie als mögliche Zeichen einer darunter liegenden Krankheit deuten. Vielleicht wird er dabei entdecken, dass Ihre Kopfschmerzen auf eine Depression oder auf einen kranken Zahn zurückzuführen sind. Die Arzneien des ersten Arztes werden zwar kurzfristig die Schmerzen lindern, das Problem jedoch nicht lösen: Solange das eigentliche Problem nicht diagnostiziert worden ist, werden Sie weiterhin an Schmerzen leiden.

Um das eigentliche Problem zu identifizieren, kann man vom Symptom ausgehen, um Schritt für Schritt dessen verborgene Ursache(n) herauszufinden. Dafür eignet sich die sogenannte methodische Abstraktion: Es geht darum, bei jeder Etappe nach der Ursache zu fragen – sich die Frage zu stellen: *Was ist die Ursache?*

TIPP

Wie identifizieren Sie das eigentliche Problem?

▶ Notieren Sie die sichtbaren Zeichen, die Symptome.
▶ Suchen Sie nach möglichen Ursachen und ordnen Sie diese nach Wichtigkeitsgrad.
▶ Für jede gefundene Ursache wiederholen Sie die Frage *Was ist die Ursache?*
▶ Wiederholen Sie dieses Vorgehen so lange, bis Sie das Gefühl haben, das Grundproblem erkannt zu haben.

Um ein Problem zu untersuchen:
▶ Bestimmen Sie den Gegenstand Ihrer Untersuchung.
▶ Grenzen Sie Ihr Untersuchungsfeld ein.
▶ Stellen Sie sich Fragen, stellen Sie in Frage.
▶ Betrachten Sie das Problem unter verschiedenen Aspekten.
▶ Suchen Sie Widersprüche.
▶ Geben Sie sich nicht mit oberflächlichen oder schnellen Erklärungen zufrieden.
▶ Analysieren Sie gewissenhaft die Ursachen des Problems.
▶ Identifizieren Sie die entscheidenden Faktoren.
▶ Formulieren Sie Hypothesen.

Wie analysiere ich ein Problem?

Der Grund aller Verkehrtheit in Gesinnungen
und Meinungen ist – Verwechslung des
Zwecks mit dem Mittel.
Novalis

Wie Sie sehen, braucht man manchmal lange Zeit, um das eigentliche Problem zu finden. Man muss es vom Symptom (der Eisbergspitze) unterscheiden können. Erst wenn das eigentliche Problem erkannt worden ist, kann es formuliert bzw. definiert – und anschließend analysiert werden.

Dazu müssen Ursache(n) und Wirkung(en) herausgefunden werden. Eine Fallstudie als Ausgangspunkt, zu Beginn der Analyse oder am Ende, um sie zu veranschaulichen, kann hilfreich sein. Achten Sie aber immer darauf, einen Bezug zwischen Fallstudie und Analyse herzustellen. Wenn Sie Ihre Analyse durch ein konkretes Beispiel illustrieren, soll es nur diese und nicht ein anderes Problem veranschaulichen. Wenn Sie von einer Fallstudie ausgehen, achten Sie andererseits darauf, bei der Beschreibung des konkreten Falles die Elemente zu betonen, die Sie in Ihrer Analyse auf einer abstrakteren Ebene behandeln werden.

Im Allgemeinen führt eine gut durchgeführte Problemanalyse zu einer Lösung bzw. zu Lösungsansätzen. Diese gehören nicht mehr direkt zur Analyse und können zwar behandelt werden, aber erinnern Sie sich: Niemand erwartet die ultimative Problemlösung von Ihnen. Sie können z.B. folgendes Schema nutzen, um die verschiedenen Schritte deutlich voneinander zu trennen:

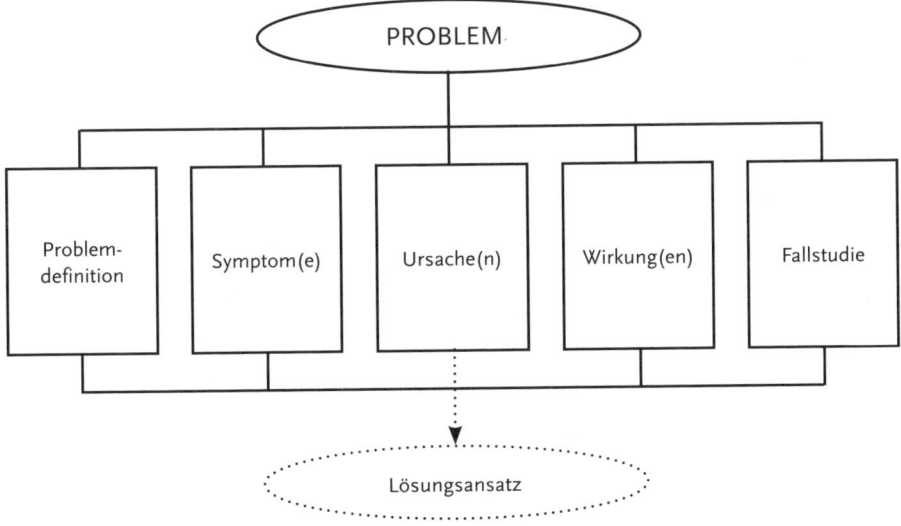

Schema für eine Problemanalyse

Wie finde ich Ideen?

Ideen sind nur Ausgangspunkte. Um zu
wissen, was man zeichnen will, muss man zu
zeichnen anfangen.
Pablo Picasso

Sie sitzen vor dem leeren Blatt oder dem leeren Bildschirm und schaffen es nicht, einen ersten Satz zu schreiben? Oder Sie finden Ausreden, um sich vom Schreibtisch zu entfernen und verschieben das Schreiben auf einen späteren, inspirierteren Zeitpunkt? Sie kommen gar nicht bis zum Schreibtisch, weil Sie noch so viel putzen müssen?

Wenn Sie mit Ihrem „inneren Schweinehund" zu kämpfen haben, erinnern Sie sich, dass er im Zwischenhirn sitzt. Sie wissen schon: Dieses Hirnteil mag das Unbekannte nicht, und Leere macht ihm Angst. Darum sollten Sie es beruhigen und ihm bereits Bekanntes anbieten. Fangen Sie mit einigen der hier vorgestellten Übungen an: Sie werden Ihre passiven Kenntnisse aktivieren, in einigen Minuten schon viel Material auf dem Blatt sammeln, und werden Mut schöpfen, einen Text zu schreiben.

Probieren Sie diese Methoden aus, einzeln oder nacheinander, experimentieren Sie: Nur so werden Sie feststellen, welche für Sie die geeignetste ist.

Aber zunächst einige Hinweise:
– Machen Sie diese Übungen am besten handschriftlich. Schreiben Sie dabei so zügig wie möglich, und zwar alles, was Ihnen einfällt: Das Zensieren von Gedanken kann den assoziativen Prozess unterbrechen, die Erinnerungsarbeit hemmen und den Gedankenfluss lähmen.
– Verwenden Sie Blanko-Blätter (kariertes oder liniertes Papier schränkt den natürlichen Gedankenfluß ein und führt zum „Kästchen-Denken").
– Nehmen Sie das Blatt im Querformat, denn diese Raumaufteilung hebt die Struktur „Oben-Unten" auf. Die Aufzeichnungen werden dann eher als Bild denn als Text wahrgenommen, was der rechten Hirnhälfte entgegenkommt – das Hochformat dagegen spricht das lineare Denken der linken Hirnhälfte an.

Gedanken sammeln I: Brainstorming

▸ Notieren Sie Ihr Thema in der Mitte des Blatts.
▸ Fragen Sie sich: *Wer? Was? Wo? Wann? Weswegen? Wozu? Wie? Wieviel?*
▸ Schreiben Sie schnell und ohne Zensur alle Gedanken, Assoziationen, Fragen auf, die das Thema bei Ihnen auslöst.
▸ Notieren Sie spontan alle Einfälle, ohne zu beurteilen, ohne zu ordnen, ohne einer Logik folgen zu wollen.

► Suchen Sie nach Gegensätzen und nach sinnverwandten Worten.
► Variieren Sie die Perspektive, aus der Sie den Gegenstand betrachten.

Beispiel eines Brainstormings zum Thema „Schreiben":
Schreiben... *Schreien*... *Schneiden*... *Scheiden*... *Unterscheiden*... *Unterschreiben*... *Brief*... *Stift*... *Black out*... *Kopf*... *Fuß*... *Fußnote*... *„Fußnote sind Notfüße"*... *Ungleichgewicht*... *Schwindel*... *schwarzes Loch*... *Löchern*... *Lachen*... *Weinen*... *Wein*... *Wien*.... *Café*... *Rauch*... *Schmerz*... *Druck*... *Drucker*... *Computer*... *Virus*... *Programm*... *Datenverlust*... *Datenbank*... *Internet*... *Vernetzung*... *Gedächtnis*...

Zwar ist aus dieser heterogenen Masse nicht alles brauchbar. Es werden Ihnen aber vielleicht bei der Übung bestimmte Wörter und Gedanken einfallen, die Sie nicht bewusst abgerufen haben; diese können Ihnen neue Wege eröffnen.

Gedanken sammeln II: Assoziogramm (Cluster)

Diese Technik, von der Literaturwissenschaftlerin Gabriele L. Rico erfunden, stützt sich auf das Modell der zwei Gehirnhälften. Sie ahmt den im Gehirn stattfindendenden assoziativen Prozess nach. Sie haben bestimmt schon festgestellt, dass Ihnen gleich eine Fülle an simultanen Assoziationen einfällt, wenn Sie an ein Wort denken. Alle festzuhalten, ist schwer. Meistens verfolgen wir nur eine Assoziationskette, und die anderen gehen verloren. Das Assoziogramm hilft, vielleicht nicht alle Ideen, aber auf jeden Fall eine große Menge von ihnen festzuhalten. Wie gehen Sie vor?

► Zeichnen Sie einen Kreis in der Mitte des Blatts und notieren Sie darin Ihr Thema.
► Wenn Sie diese Übung zum ersten Mal machen, schreiben Sie nur ein einziges Wort. Später werden Sie mit einem Satz oder einer Frage arbeiten können.
► Schreiben Sie schnell und ohne Selbstzensur *alle* Einfälle, ziehen Sie um jeden einen Kreis und verbinden Sie ihn mit dem Kernwort oder mit der Assoziation, die ihn hervorgerufen hat.
► Assoziieren Sie frei von Einfall zu Einfall, kehren Sie zum Kernwort zurück oder folgen Sie einer Kette von Gedanken.
► Fällt Ihnen mehrmals das gleiche Wort ein, so schreiben Sie es mehrmals auf. Vermeiden Sie Querverbindungen, sonst kann das Assoziogramm schnell unüberschaubar werden.

Beispiel eines Assoziogramms zum Thema *Schreiben*:

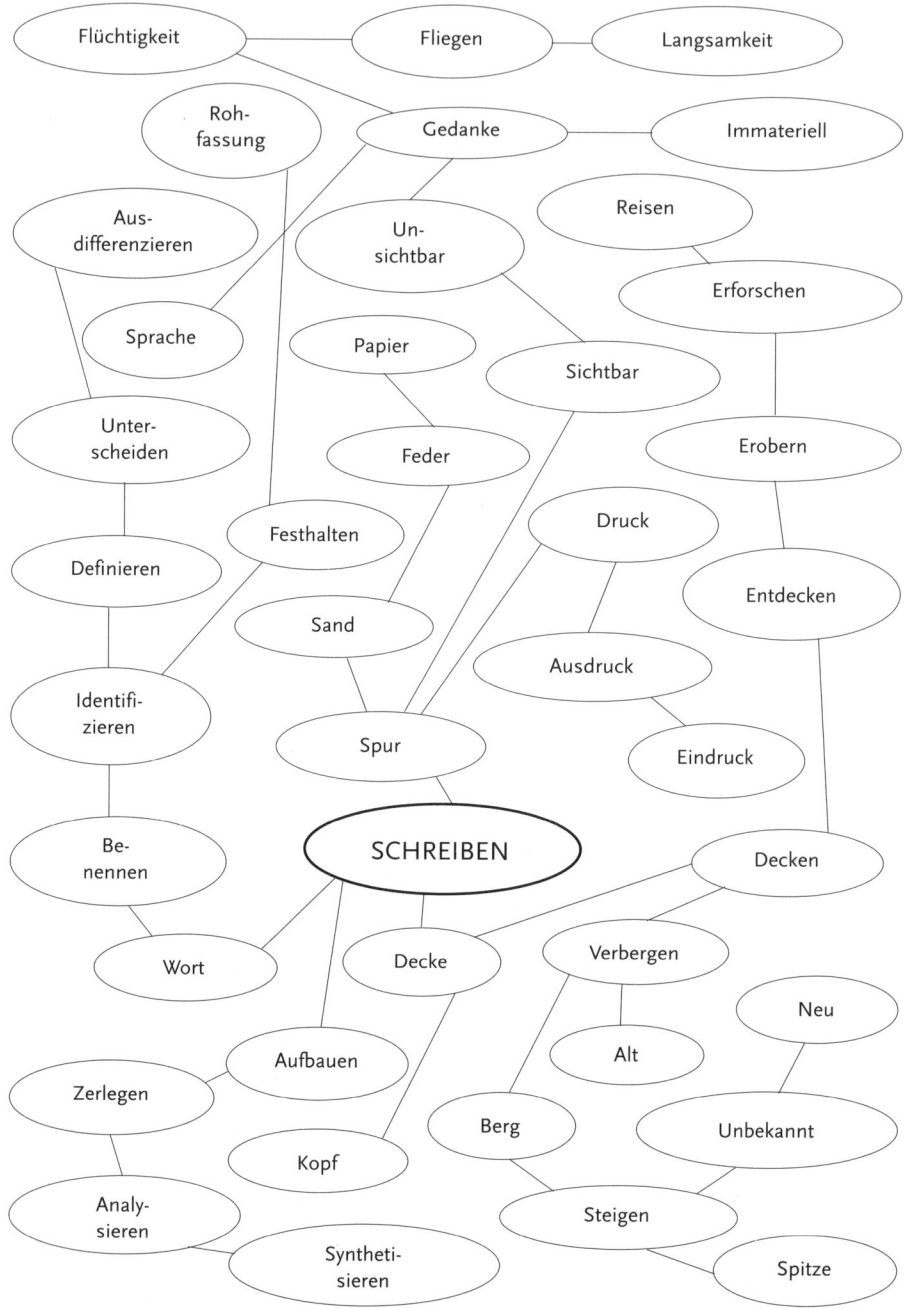

Sowohl beim Brainstorming als auch beim Assoziogramm verknüpfen sich die Informationen und bilden Assoziationsketten. Diese beiden Übungen sind sehr hilfreich, um die Ketten auszurollen, neue zu finden oder Verbindungen zwischen bereits existierenden hervorzuheben.

TIPP

Das schwarze Loch in der Prüfung

Oft und insbesondere unter Stress hat man den Eindruck, bei einer Frage nichts zu wissen. Man hat ein sogenanntes „schwarzes Loch" oder einen „blackout". Tatsächlich bezieht sich die gestellte Frage auf ein Kettenelement, das sich gerade nicht finden lässt. Denken Sie daran, diese Übungen zu Beginn einer Klausur zu machen, vor allem, wenn Sie den Eindruck haben, nichts zu wissen: Beim Zurückrollen der Assoziationskette werden Sie das scheinbar fehlende Element in einem Winkel Ihres Gedächtnisses wiederfinden.

Gedanken vertiefen

Es gibt noch weitere Techniken des Sammelns von Gedanken. Bei einigen davon geht es mehr um strukturiertes Erforschen als um assoziatives Denken. So gehen z.B. Recherchen vom Muster typischer Journalistenfragen aus („W-Fragen") oder von der Technik der „sechs Blickwinkel" eines Themas.

Die Fragen des Journalisten:
Um alle Aspekte Ihres Themas zu erfassen, können Sie sich Fragen stellen, die sich der Journalist stellt: *Wer? Was? Wann? Wie? Wie viel? Wo? Wozu? Weswegen?*

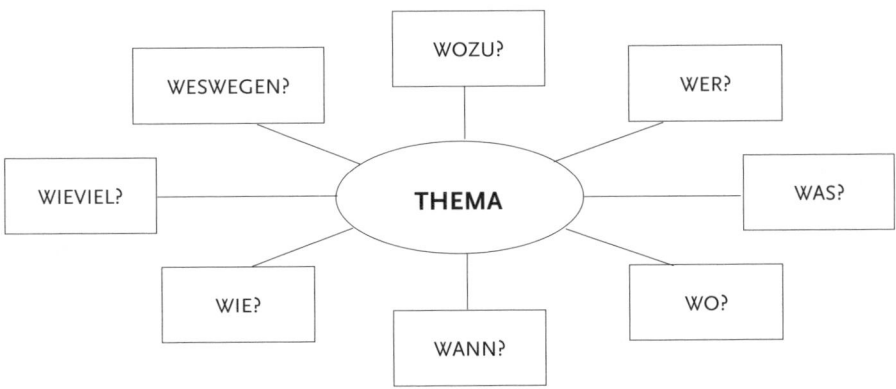

Oder Sie können einen Gegenstand unter sechs Blickwinkeln betrachten:

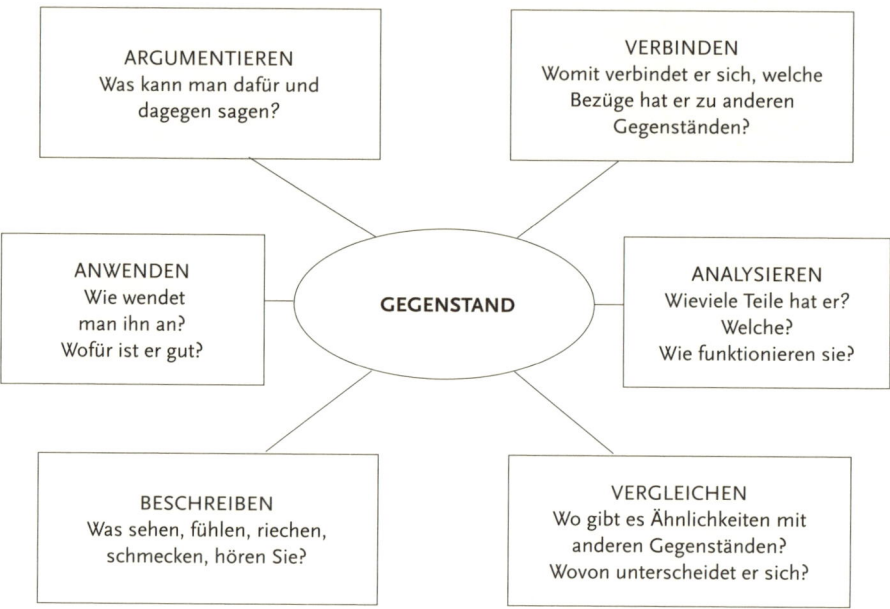

Wie erstelle ich eine Gliederung?

Zuerst improvisiere ich, wenn das nicht hilft,
suche ich Trost bei Mozart. Aber wenn sich
beim Improvisieren doch ein Weg anbietet,
brauche ich Bachs klare Konstruktionen, um
meinen Gedanken weiterzuführen.
Albert Einstein

Wie sortiere ich meine Gedanken?

Unabhängig davon, welche Methode Sie zum Sammeln Ihrer Gedanken gewählt
haben, wird nun ein Sortieren notwendig sein. Besinnen Sie sich auf Ihre Fragestellung (am besten schreiben Sie diese auf), betrachten Sie das gesammelte
Material und fragen Sie sich:

▶ Welche Gedanken will ich nicht behandeln? (Streichen Sie diese durch).
▶ Welche sind für meine Arbeit interessant, welche will ich behalten?
▶ Wie hängen die ausgewählten Gedanken zusammen?
– Welches sind die Hauptgedanken?
– Welches sind die untergeordneten Gedanken?
– In welcher Reihenfolge will ich sie abhandeln?

Unterstreichen Sie die Gedanken mit verschiedenen Farben und numerieren Sie diese der Reihe nach.

Vorsicht! Verwerfen Sie noch nichts endgültig: Sie werden eine zunächst durchgestrichene Idee vielleicht doch noch bearbeiten wollen. Bewahren Sie dann alles sorgfältig auf, was Sie für Ihre Arbeit gesammelt haben: Während des Schreibprozesses greift man oft auf die ursprünglichen Gedanken zurück – sofern man sie irgendwo aufbewahrt hat.

Wie ordne ich meine Gedanken?

Nun ist es an der Zeit, die Teile miteinander zu verbinden und ein festes, kohärentes und logisches Gerüst zu bauen, das Ihre Arbeit stützen wird. Der Aufbau dieses Gerüstes ist wichtig, denn es wird Ihnen helfen,

▶ den Rahmen Ihrer Arbeit einzuhalten,
▶ keinen Teil zu vergessen,
▶ sich während der Arbeit zu orientieren.

So begegnen Sie der Gefahr, sich von neuen Ideen auf Abwege bringen zu lassen.

Nehmen Sie sich ausreichend Zeit für das Erstellen der Gliederung. Betrachten Sie sie unter verschiedenen Aspekten. Lassen Sie sie im Zweifelsfall einige Stunden, gar Tage ruhen, bevor Sie sich für sie entscheiden. Mancher tut sich aber auch schwer mit dem Erstellen einer Gliederung und schreibt lieber gleich einen Text. Wenn das bei Ihnen der Fall ist, ist das noch kein Grund zur Besorgnis. Indem Sie nämlich beim ersten Schritt Ihre Gedanken gesammelt und sortiert haben, haben Sie diese bereits im Kopf miteinander verbunden, ohne dies unbedingt bewusst wahrgenommen zu haben. Vielleicht blockiert es Sie einfach, diese jetzt schon in eine „saubere" Gliederung ordnen zu sollen. Schreiben Sie dann lieber einen kurzen Text, in welchem Sie den Gegenstand Ihrer Arbeit darstellen, so wie Sie ihn behandeln wollen. Oft hilft es dabei, diesen Text als Brief an einen konkreten Adressaten zu verfassen. Ausgehend von dieser Skizze werden Sie Haupt- und Nebengedanken erkennen und eine Gliederung entwerfen können.

PRAXIS

Was ist bei der Gliederung zu beachten?

Wenn Sie eine Gliederung erstellen, vergegenwärtigen Sie sich immer wieder,
▶ welches Ziel Sie erreichen wollen
▶ auf welchem Weg Sie es erreichen wollen

Folgen Sie einem logischen Faden: Beginnen Sie mit der Problemstellung. Sie sollten auf keinen Fall das Problem analysieren, bevor sie es benannt haben. Liefern Sie die Antwort nicht, bevor Sie die Frage gestellt haben. Vermeiden Sie eine ausführliche Darstellung des Themas, bzw. vermeiden Sie die Details, die nicht zum Verständnis Ihrer Arbeit beitragen. Konzentrieren Sie sich auf die Aspekte, die für Ihre Studie wichtig sind und die der Leser wirklich braucht, um Ihren Text zu verstehen.

VORSICHT!

Eine logische Gliederung

Es gibt kein vorgefertigtes Gliederungsmodell, nach dem Sie Ihre Gedanken organisieren könnten. Aber es gibt in jeder Gliederung einige Punkte, die zu beachten sind, vor allem:
▶ das Problem am Anfang zu benennen und zu formulieren
▶ das Problem zu analysieren (Ursachen, Wirkungen)
▶ einen oder mehrere Lösungsansätze vorzuschlagen und sie zu diskutieren
▶ die Diskussion zusammenzufassen und über das Neue, Interessante usw. Ihrer Arbeit nachzudenken

Wie visualisiere ich eine Gliederung?

Sie haben Gedanken gesammelt, auf eine vielleicht chaotische, unstrukturierte Weise. Manche wollen Sie nicht behalten, andere schon. Wie können Sie nun Ordnung in dieses Durcheinander bringen? Hierbei können die beiden folgenden Visualisierungsmethoden helfen: Die Mind map oder das strukturierte Assoziogramm. Vielleicht fragen Sie sich, weshalb es sinnvoll ist, eine Gliederung als Schema zu visualisieren?

▶ Beim Visualisieren arbeiten beide Gehirnhälften.
▶ Ein Schema hilft, die Gedanken in eine plastische Darstellung zu übersetzen und somit ihre Dynamik anschaulich abzubilden.
▶ Die Visualisierung kann Irrtümer sichtbar machen, wie z.B. ein Ungleichgewicht der Teile, eine unlogische Reihenfolge usw.
▶ Die Gliederung ist auf einen Blick erfassbar.

Das *Mind map*

Wir haben bereits gesehen (Seite 121) wie ein Mind map aussieht. Hier werden Sie also ähnlich verfahren wie bei der Darstellung der Grundstruktur eines fremden Textes.
▶ Nehmen Sie ein Blanko-Blatt im Querformat.
▶ Zeichnen Sie einen Kreis auf die Mitte des Blattes und schreiben Sie Ihr Thema oder Ihre Fragestellung hinein.
▶ Vom Kreis ausgehend zeichnen Sie die Hauptäste – einen pro Hauptteil.
▶ Beschriften Sie diese mit den jeweiligen Überschriften (wählen sie kurze Schlüsselworte).
▶ Setzen Sie die Äste im Uhrzeigersinn.
Zu jedem Hauptast zeichnen Sie einige Zweige, jeweils einen pro untergeordneten Gedanken. Beschriften Sie jeden Zweig mit der Überschrift des jeweiligen Teils.

Sie können diese Mind map verfeinern und eine dritte, gar eine vierte Kategorie von Unterpunkten mit den jeweiligen Ästen eintragen. Die visualisierte Gliederung soll jedoch übersichtlich bleiben. Notfalls können Sie für jeden Hauptteil ein eigenes Mind map anfertigen. Als Beispiel werden wir nun die Gedanken, die wir dank Brainstorm und Assoziogramm gesammelt haben, als Mind map darstellen und eine Gliederung zum Thema „Schreiben" skizzieren.

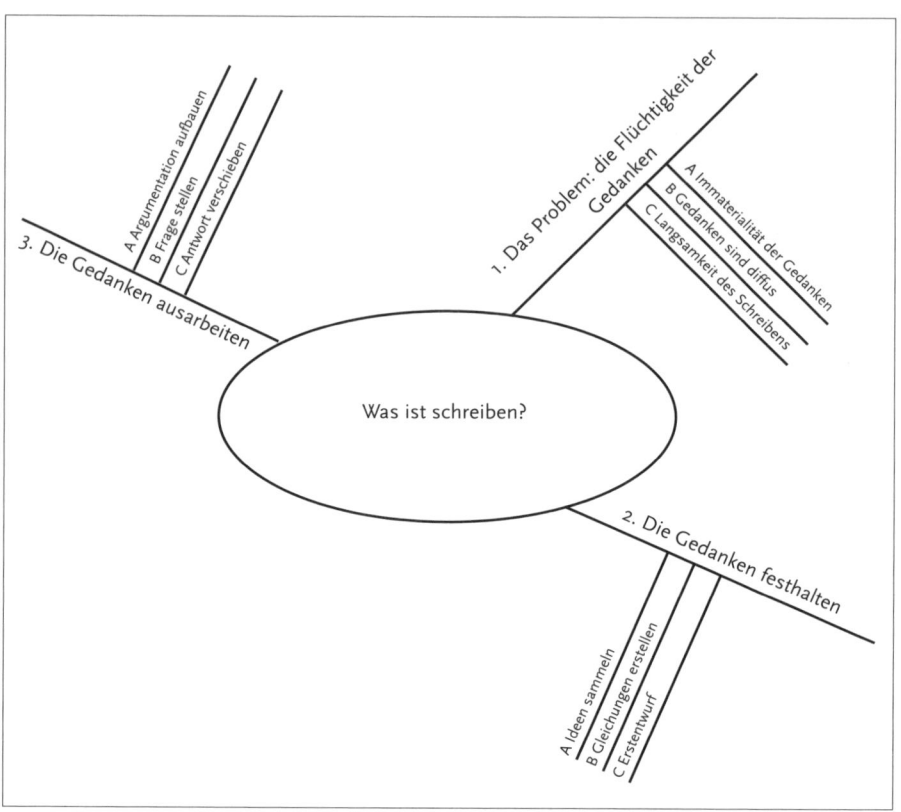

Das strukturierte Assoziogramm

Es verfährt nach einem ähnlichen Prinzip. Auch hier können Sie durch eine grafische Darstellung Beziehungen zwischen verschiedenen Begriffe aufzeigen.

▶ Nehmen Sie ein Blanko-Blatt im Querformat.
▶ Zeichnen Sie einen Kreis auf die Mitte des Blattes und schreiben Sie Ihr Thema oder Ihre Fragestellung hinein.
▶ Ausgehend von diesem Kreis zeichnen Sie Äste, die zu weiteren Kreisen führen: Dies sind die Hauptteile Ihrer Arbeit. Benutzen Sie Farben (hier schraffiert) und notieren Sie darin die jeweiligen Überschriften.
▶ Ausgehend von diesen Kreisen werden neue Äste zu den untergeordneten Gedanken führen. Jeder erhält einen neuen Kreis, den Sie wieder in einer anderen Farbe darstellen.

Beispiel eines Assoziogramms

Sind Sie mit Ihrer Gliederung noch nicht zufrieden? Ist Ihnen die Position eines Gedankens noch unklar? Machen Sie mehrere Versuche, zeichnen Sie verschiedene Gliederungen. So können Sie sehen, welche die passendste ist. Werfen Sie aber nichts weg. Es kann sein, dass Sie Ihre Entscheidung wieder ändern, bevor Sie sich endgültig für eine bestimmte Struktur entscheiden! Während Sie Ihre Gliederung anfertigen, denken Sie an einen konkreten Adressaten, stellen Sie ihm Ihr Projekt mündlich oder schriftlich vor: Die Gedanken artikulieren sich leichter und logischer, wenn man sie an ein Gegenüber richtet.

TIPP

Haben Sie die Gliederung immer vor Augen

Die Gliederung ist Ihr Routenplaner, der Ihnen helfen wird, den Kurs beizubehalten. Zeichnen Sie Ihre Gliederung auf ein großes Blatt und hängen Sie dieses über Ihrem Arbeitsplatz auf. So werden Sie jederzeit darauf zurückgreifen können, überprüfen, dass Sie sich nicht davon entfernen – oder ggf. Veränderungen gleich eintragen können.

Wie verfasse ich den Erstentwurf?

Die Gedanken fliegen und die Worte gehen zu
Fuß: Das ist überhaupt das Drama des
Schriftstellers.
Julien Green

Die Aufgabe des Erstentwurfs ist es, die flüchtigen Gedanken festzuhalten. Es geht darum, alles, was man im Kopf hat, so zügig wie möglich niederzuschreiben, und zwar so wie es kommt, auch unvollständig, chaotisch, schlecht formuliert. Wichtig ist, sich „frei zu schreiben". Nachher werden Sie Schritt für Schritt den Text überarbeiten, kürzen, ergänzen, verbessern und leserfreundlicher gestalten.

Wenn Sie dazu neigen, beim Schreiben gleich an Formulierungen zu basteln, versuchen Sie, diesen Impuls zu bekämpfen. Sie blockieren sonst nur den Gedankenfluss. Außerdem ist es wenig sinnvoll, bereits beim Erstentwurf an Formulierungen zu feilen, denn vielleicht wird der Satz später doch wieder gelöscht.

Wie bereits gesagt: Schreiben Sie den Erstentwurf ohne Ihre Notizen oder bereitliegende Literatur. Auch das blockiert den Gedankenfluss und dementsprechend die Schreiblust. Ihre Unterlagen sollten Sie erst im nächsten Schritt, nämlich bei der inhaltlichen Textüberarbeitung verwenden. Vertrauen Sie Ihrem Gedächtnis: Sie haben sich bereits intensiv mit Ihrem Thema auseinandergesetzt und sind vollkommen in der Lage, einen freien Text darüber zu schreiben.

TIPP

Für wen schreiben Sie?

Bevor Sie zu schreiben anfangen ist es wichtig zu klären, an wen sich Ihr Text richtet. Vorsicht! Meistens ist der Betreuer der Arbeit der tatsächliche Adressat. Wir wissen jedoch, wie einschüchternd – und dadurch blockierend – diese Person wirken kann. Ist das bei Ihnen der Fall, so wählen Sie lieber einen anderen Adressaten (Freund, Verwandten) und halten Sie sich diesen Menschen vor Augen, während Sie den Erstentwurf schreiben. Sie können den Erstentwurf auch als Brief an ihn verfassen. Denken Sie dabei an Ihren Adressaten, horchen Sie in Gedanken auf seine Fragen, Einwände usw.

Die Abfassung des Erstentwurfs

- ▶ Besinnen Sie sich auf Ihre Fragestellung! Am besten notieren Sie diese am Anfang des Textes.
- ▶ Orientieren Sie sich an Ihrer Gliederung, um Ihre Gedanken aufzuschreiben.
- ▶ Notieren Sie zunächst die Hauptgedanken.
- ▶ Konzentrieren Sie sich auf die inhaltliche Darstellung Ihrer Ideen. Am Stil werden Sie später, bei der sprachlich-stilitischen Textüberarbeitung, feilen können.
- ▶ Fällt Ihnen das richtige Wort nicht ein, schreiben Sie ein anderes. Sie werden es später ersetzen können.
- ▶ Ist ein Satz zunächst konfus oder unklar, schreiben Sie ihn, wie er Ihnen einfällt: So kann er nicht verhindern, dass sich andere Gedanken ausdrücken und entfalten.
- ▶ Notieren Sie Zitate, Belege, Beispiele aus der Erinnerung. Sie können beim nächsten Schritt korrigiert werden.
- ▶ Kümmern Sie sich nicht um Rechtschreibung und Stil.
- ▶ Stellen Sie Ihren kritischen Blick vorerst zurück.

TIPP

„Wenig zu wenig macht zuletzt viel."

- ▶ Nehmen Sie sich immer kleine und realisierbare Aufgaben vor.
- ▶ Fangen Sie mit dem leichtesten oder für Sie interessantesten Teil an.
- ▶ Zergliedern Sie Ihre Arbeit in überschaubare Teile, um immer einen guten Überblick über Ihre Gesamtarbeit behalten zu können.

Kapitel 2: Wie überarbeite ich den Erstentwurf?

Sie haben Ihren Erstentwurf geschrieben. Nun wollen Sie ihn inhaltlich überarbeiten. Auch hier sollten Sie Schritt für Schritt verfahren. Bei dieser Phase wird Ihr Text Gestalt annehmen. Sie werden überprüfen, ob Ihre Gedanken tragfähig sind. Nehmen Sie sich ausreichend Zeit dafür. Die inhaltliche Textüberarbeitung nimmt schätzungsweise ein Drittel bis die Hälfte der gesamten Schreibarbeitszeit in Anspruch. Berücksichtigen Sie das unbedingt, wenn Sie Ihren Zeitplan erstellen.

Worauf soll ich achten?

Nichts ist schwieriger als das Vereinfachen.
Nichts ist einfacher als das Komplizieren.
Georges Elgozy

Wenn Sie Ihren Erstentwurf verfasst haben, müssen Sie ihn möglicherweise inhaltlich überarbeiten. In dieser Phase können Sie Ihre Unterlagen (Notizen, Exzerpte, Arbeitsjournal) hinzunehmen. Wie können Sie vorgehen?

Lesen Sie Ihren Text mit den Augen des Lesers und analysieren Sie den Textfluss aus seiner Perspektive. Für manchen ist diese Übung schwierig, denn man muss zum eigenen Text eine gewisse Distanz einnehmen. Stellen Sie sich aber vor, Sie bekommen dieses Schriftstück zum ersten Mal zu lesen. Spielen Sie die Rolle eines scharfsinnigen, gar boshaften Korrektors. Greifen Sie zum roten Stift, schreiben Sie die Fragen auf, die Sie sich stellen. Unterstreichen Sie die Widersprüche, die Sie finden. Notieren Sie die Bemerkungen, die Ihnen einfallen.

1. *Streichen Sie Überflüssiges durch.* Alles, was nicht zum Verständnis des Textes beiträgt, auch wenn es brillante Ideen sind, muss weg (besonders Erzählungen, Anekdoten, Ihre persönliche Geschichte u.a.): Weniger ist manchmal mehr!
2. *Fügen Sie fehlende logische Sequenzen hinzu.* Verschieben Sie notfalls die Textteile, damit der Aufbau logisch wird:

Genauigkeit

► Überprüfen Sie, welche Fachbegriffe geklärt und definiert werden müssen, damit Ihr Leser Sie versteht.
► Überprüfen Sie die Fachbegriffe: Werden sie sinngemäß verwendet?

► Tragen Sie die richtigen Zitate, Belege, Daten ein.
► Überprüfen Sie Zahlen, Zitate und Seitenzahlenangaben.

Kritischer Blick

► Stellen Sie Fragen zu Ihren Behauptungen (*Weswegen? Wie? Wozu?*).
► Überprüfen Sie, ob eine Aussage nicht vielleicht eine implizite Frage oder Behauptung voraussetzt. Ist das der Fall, schreiben Sie diese auf und arbeiten Sie damit (siehe S. 167).
► Belegen Sie Ihre Behauptungen, suchen Sie nach Argumenten und Gegenargumenten, wägen Sie diese gegeneinander ab.

Klarheit

► Überprüfen Sie die logische Reihenfolge Ihrer Gedanken: Kann der Leser Sie verstehen?
► Heben Sie Widersprüche in Ihrem Text auf.
► Überprüfen Sie, ob der Text explizit und logisch schlüssig ist. Lassen Sie dem Leser keinen Raum für Spekulationen! Er könnte Sie sonst missverstehen.
► Vermeiden Sie Andeutungen und implizite Aussagen.
► Gehen Sie vorsichtig mit Anführungszeichen um. Wenn Sie welche anwenden, um dem Wort eine andere Bedeutung zu geben, als die übliche, müssen Sie diese Bedeutung unbedingt erklären. Tun Sie das nicht, irritieren Sie den Leser, der nicht weiß, was Sie unter diesen Anführungszeichen verstehen.
► Gehen Sie mit Bildern und Metaphern behutsam um. Wenn Sie in Bildern denken, so notieren Sie diese beim Erstentwurf. Versuchen Sie dann, diese Bilder zu entschlüsseln und in Worte zu übersetzen: Welche Informationen enthalten sie, die für Ihre Studie wichtig sind?

Kohärenz

► Zitieren Sie Textpassagen oder Sätze? Dann kommentieren, hinterfragen Sie diese. Fragen Sie sich jedes Mal: Wozu brauche ich dieses Zitat, welche Rolle spielt es in meinem Text?
► Verwenden Sie Grafiken oder Tabellen? Dann müssen alle unbedingt durch einen Kommentar oder eine Erklärung explizit in den Text eingebunden werden.
► Erklären Sie, was Sie tun und warum (siehe S. 178-9): Nehmen Sie den Leser an die Hand!
► Verbinden Sie die Sätze mit Beziehungswörtern.

Lesen Sie Ihren Text erneut und überprüfen Sie ihn noch einmal auf diese Punkte hin!

Die inhaltliche Textüberarbeitung macht man nicht unbedingt in einem Durchgang, sondern Schritt für Schritt. Es ist sinnvoll, den Text mehrmals zu lesen und sich jeweils nur auf einige Aspekte zu konzentrieren. Manchmal hilft es auch, eine Nacht darüber zu schlafen, um kritische Distanz zum eigenen Text zu gewinnen.

TIPP

„So viel wie nötig, so wenig wie möglich"

- ▶ Zeigen Sie Mut beim Durchstreichen.
- ▶ Behalten Sie den Überblick über Ihren Text.
- ▶ Lassen Sie Ihren kritischen Geist arbeiten.
- ▶ Seien Sie klar und prägnant.
- ▶ Seien Sie explizit in Ihrem Verfahren.
- ▶ Nehmen Sie Ihren Leser an die Hand und erklären Sie Schritt für Schritt, was Sie tun.
- ▶ Zwingen Sie sich zur Genauigkeit.
- ▶ Betonen Sie den roten Faden Ihrer Arbeit.

Wie definiere ich einen Begriff?

Ein gutes Mittel, gesunden Menschenverstand
zu erlangen, ist ein beständiges Bestreben
nach deutlichen Begriffen, und zwar nicht
bloß aus Beschreibung anderer,
sondern so viel wie möglich durch eigenes
Anschauen. (...) Von jedem Wort muss man
sich wenigstens einmal eine Erklärung
gemacht haben, und keines gebrauchen, das
man nicht versteht.

Georg Christoph Lichtenberg

Die Schlüsselworte und Begriffe, die Sie anwenden, müssen geklärt bzw. definiert werden, damit Ihr Leser Sie verstehen kann. Nicht nur bieten Sie ihm dadurch eine Hilfestellung, sondern Sie selbst grenzen das Bedeutungsfeld ein. Wenn Sie also einen Begriff klären wollen, kann Ihnen folgende Tabelle helfen (S. 151):

ARBEITSBLATT: **Definitionen eines Begriffs**

Begriff:
Welches sind die Definitionen der Allgemeinwörterbücher?
Welches sind die Definitionen der Fachwörterbücher?
Welches ist die Etymologie des Begriffs?
Kennen Sie Autoren, die diesen Begriff anwenden und die ihm eine besondere Bedeutung geben? Autor: Bedeutung: Autor: Bedeutung: Autor: Bedeutung:

Als Hilfe stehen Ihnen verschiedene Nachschlagewerke zur Verfügung:
▶ *Fachwörterbücher* geben nicht nur die Definition eines Begriffes, sondern führen ins Thema ein. Allerdings ist bei Artikeln und Definitionen aus Fachwörterbüchern Vorsicht angebracht: Zwar ist der Autor durchaus ein Fachmann, er kann jedoch eine spezielle Sichtweise, Kultur oder Meinung vertreten.
▶ *Etymologische Wörterbücher* informieren Sie über den Ursprung eines Wortes und seine semantischen Veränderungen.
▶ *Synonymenwörterbücher* können helfen, die spezifische Bedeutung des zu klärenden Wortes genauer einzugrenzen.

VORSICHT!

Wozu Begriffe klären?

Sie wollen ein Wort klären oder definieren, weil Sie ihm eine bestimmte Bedeutung geben? Diese Bedeutung entspringt einem Aspekt, den Sie untersuchen und grenzt sich von anderen Bedeutungen ab. Nur *Sie* wissen, was Sie darunter verstehen. Darum ist das bloße Übernehmen einer fremden Definition selten sinnvoll. Es sei denn, Sie verwenden den Begriff im Sinne eines bestimmten Autors, was dann wiederum deutlich gesagt werden muss. Wollen Sie verstanden werden, muss Ihre Begriffsdefinition klar und prägnant sein.
Fragen Sie sich, wann der Leser diese Definition braucht – wahrscheinlich schon, wenn der Begriff zum ersten Mal im Text erscheint. Indem Sie den Begriff gleich erläutern, legen Sie den Rahmen Ihrer Studie fest. Darum ist es wichtig, dass Sie einen Begriff zunächst für sich selbst klären. Dazu eignen sich die Verfahren von Brainstorm und Assoziogramm zum Begriff und das Abfassen eines kurzen Textes (*Was ist...?*). Oder Sie können auch die folgende Übung ausprobieren:

Legen Sie eine Übersicht wie auf dem folgenden Arbeitsblatt an, die Antonyme (Gegensätze), Synonyme und verwandte Themen unterscheidet. Wir beginnen mit den Antonymen, denn es fällt manchmal leichter, zu formulieren, was etwas nicht ist, als was es ist. Man notiert zunächst alle Antonyme des Begriffs, die einem einfallen. Oder man nähert sich der Bedeutung eines Begriffs über Synonyme, um ihn von sinnverwandten Wörtern abzugrenzen. Die Suche nach verwandten Themen kann dabei den Bezug des Wortes zu anderen deutlicher hervortreten lassen. Tragen Sie diese in die Tabelle ein, wie Sie Ihnen einfallen. Benutzen Sie dabei auch fremdsprachliche Ausdrücke, denn oft enthält das Wort in der Fremdsprache Bedeutungen, die im deutschen Begriff nicht enthalten sind und umgekehrt. Ein Synonymenwörterbuch kann Ihnen dabei neue Anregungen geben. Ebenso können konkrete Beispiele Elemente für eine Begriffsklärung liefern.

ARBEITSBLATT: **Begriffsklärung**

Begriff:		
Antonyme	Synonyme	Themen, die damit verbunden sind
Auch Fremdwörter – sie enthalten vielleicht Bedeutungen, die sie in Ihrer Sprache nicht haben!	*Auch Fremdwörter – sie enthalten vielleicht Bedeutungen, die sie in Ihrer Sprache nicht haben!*	

Welche Beispiele fallen mir ein, wenn ich dieses Wort höre oder lese?
(Scheuen Sie sich nicht, Beispiele aus Ihrem Fach, aber auch aus anderen Fächern, aus Kunstwerken, aus historischen Ereignissen und der eigenen Lebenserfahrung heranzuziehen.)

Welche Bedeutung hat das Wort in meiner Arbeit *nicht*?

Welche Bedeutung hat das Wort in meiner Arbeit?

Verwenden Sie für Ihre Definition nur die Elemente aus dieser Sammlung, die in Ihrer Untersuchung eine Rolle spielen. Wenn im Laufe Ihrer Arbeit neue Details oder Nuancen erscheinen, denken Sie daran, Ihre erste Definition zu korrigieren – oder im Text darauf hinzuweisen, dass sich durch Ihre Analyse die ursprüngliche Wortbedeutung verändert oder ergänzt hat.

ACHTUNG!

Was ist bei einer Begriffsdefinition zu vermeiden?

▶ innere Widersprüche
▶ die Verwendung mehrdeutiger Wörter
▶ die Verwendung von Wörtern, die mit dem zu definierenden Wort verwandt sind (etwa: Freiheit heißt, frei zu sein)
▶ eine komplizierte, geschwollene Sprache
▶ das Abschreiben einer Wörterbuchdefinition oder der eines anderen Autors, wenn Sie selbst dem Wort einen etwas anderen Sinn geben
▶ eine universelle, allgemeingültige Begriffsdefinition geben zu wollen. Das erwartet man nicht von Ihnen.

Benutzen Sie lieber nicht die Glossarmethode. Manche unerfahrene Autoren stellen ihrem Text alle Begriffsdefinitionen auf der ersten Seite voran. Dieses Verfahren zwingt aber den Leser zum anstrengenden Blättern, wodurch er den Faden verliert und womöglich auch jede Lust, seine Lektüre fortzusetzen. Klären Sie die Begriffe nach und nach, wenn sie im Text erscheinen bzw. wenn es für das Verständnis des Textes notwendig ist. Beachten Sie jedoch: Obwohl das Klären bzw. Definieren von Schlüsselbegriffen zwar unabdingbar ist, sollten Sie Übertreibungen vermeiden – also keine systematische Erklärung von Begriffen, die Ihrem Leser unterstellt, er verstehe nicht die geläufigsten Ausdrücke seiner eigenen Sprache. Überprüfen Sie außerdem, ob jedes *das heißt, mit anderen Worten, anders gesagt* wirklich notwendig ist.

Wie bereite ich eine Argumentation vor?

*Wenn Argumente fehlen, kommt meist ein
Verbot heraus.*
Oliver Hassencamp

Wir diskutieren selten über Themen, über die sich ohnehin alle einig sind. Argumentation beruht auf Dissens. Es reicht aber nicht, unsere eigene Position darzustellen. Wir müssen sie begründen. Die logische Reihung aller Argumente führt dann zu einer Schlussfolgerung. Eine Argumentation ähnelt einer Kette, bei der jedes Argument einem Kettenglied entspricht. Dieses Ineinandergreifen von Argumenten konnten wir schon bei der Visualisierung einer Argumentation (im Kapitel zum Thema Lesen, Seite 126/127) beobachten.

Ein Argument kann dabei unterschiedliche Funktionen haben. Es kann z. B.

▶ eine Aussage stärken oder widerlegen
▶ die Richtigkeit oder die Wahrheit einer Aussage begründen
▶ die Bedeutung eines Begriffs erklären
▶ eine Position oder eine Entscheidung legitimieren
▶ ein Ergebnis folgerichtig begründen

GUT ZU WISSEN

Starke Argumente

Ein Argument wirkt wesentlich stärker, wenn die Gegenposition fair dargestellt und diskutiert wird.

▶ Wenn Sie Ihre Argumente auflisten, denken Sie an einen fiktiven oder realen Kontrahenten, der eine entgegengesetzte Position vertritt. Stellen Sie sich Einwände vor, die er zu jedem Ihrer Argumente bringen könnte. Leihen Sie ihm Ihre Feder und lassen Sie ihn durch Ihre Hand zu Wort kommen.
▶ Haben Sie Ihren Text fertig geschrieben, lesen Sie ihn nochmals mit den Augen Ihres Gegners durch. Stellen Sie ihn sich so kritisch und böse wie möglich vor: Welche Einwände könnte er haben? Wo könnte er kritisieren?
▶ Lassen Sie Ihren Text durch einen Dritten lesen. Bitten Sie ihn, die Rolle des Gegners zu übernehmen und Einwände, Fragen und Beobachtungen zu notieren.

Der Aufbau einer Argumentation ist immer einem Ziel untergeordnet. Dieses Ziel bestimmt das Verfahren. Das Verfahren wiederum muss logisch und überzeugend dargestellt werden. Unser Arbeitsblatt kann Ihnen helfen, mehr Klarheit in Ihre Argumentation zu bringen.

ARBEITSBLATT: **Vorbereitung einer Argumentation**

AUSGANGSPUNKT (Hypothese, zu demonstrierende These, zu diskutierende Frage):
1. Was ist das Ziel meiner Argumentation? Was will ich mit ihr erreichen?
2. Gegen wen oder was will ich schreiben? Welcher Gegner, fiktiv oder real, ist mein Adressat?

3. Welche Ideen, welche Aussagen könnten Argumente für meine Argumentation darstellen? (*Es werden zunächst alle notiert, sie können später sortiert werden*).	4. Welche Einwände, welche Gegenargumente können für die jeweiligen Argumente der Spalte 3 genannt werden? (*Es werden zunächst alle notiert. Sie können später sortiert werden*).

5. Welche Beispiele fallen mir ein, um welches Argument zu stärken?
6. Wenn ich die Argumente von Punkt 3 betrachte: Welche will ich nicht behalten (*durchstreichen*) und welche will ich behalten (*hier notieren*)? a. b. c. etc.
7. In welcher Reihenfolge will ich diese Argumente behandeln? Welches setzt welches voraus? Welches ergibt sich aus welchem?
Welche Gegenargumente kann ich anführen für welches der o.g. Argumente? a. b. c. etc.

Wie strukturiere ich eine Argumentation?

*Wenn einer einen wirklich klaren Gedanken
hat, kann er ihn auch darstellen*
Michel de Montaigne

Wenn Sie Ihre Argumentation vorbereitet haben, können Ihnen Schemata helfen, eine strukturierte Argumentation aufzubauen. Wie können Sie dabei vorgehen? Sie wissen schon, welche Argumente Sie einsetzen werden – siehe Vorbereitung.

► Zeichnen Sie einen Kasten für jeden Teil Ihrer Argumentation.
► Beschriften Sie jeden Kasten.
► Überprüfen Sie ständig die Vollständigkeit und die Stichhaltigkeit Ihrer Argumentation. Nehmen Sie sich Zeit dafür.

Eine Argumentation kann unterschiedliche Strukturen haben, wie unsere Strukturschemata zeigen.

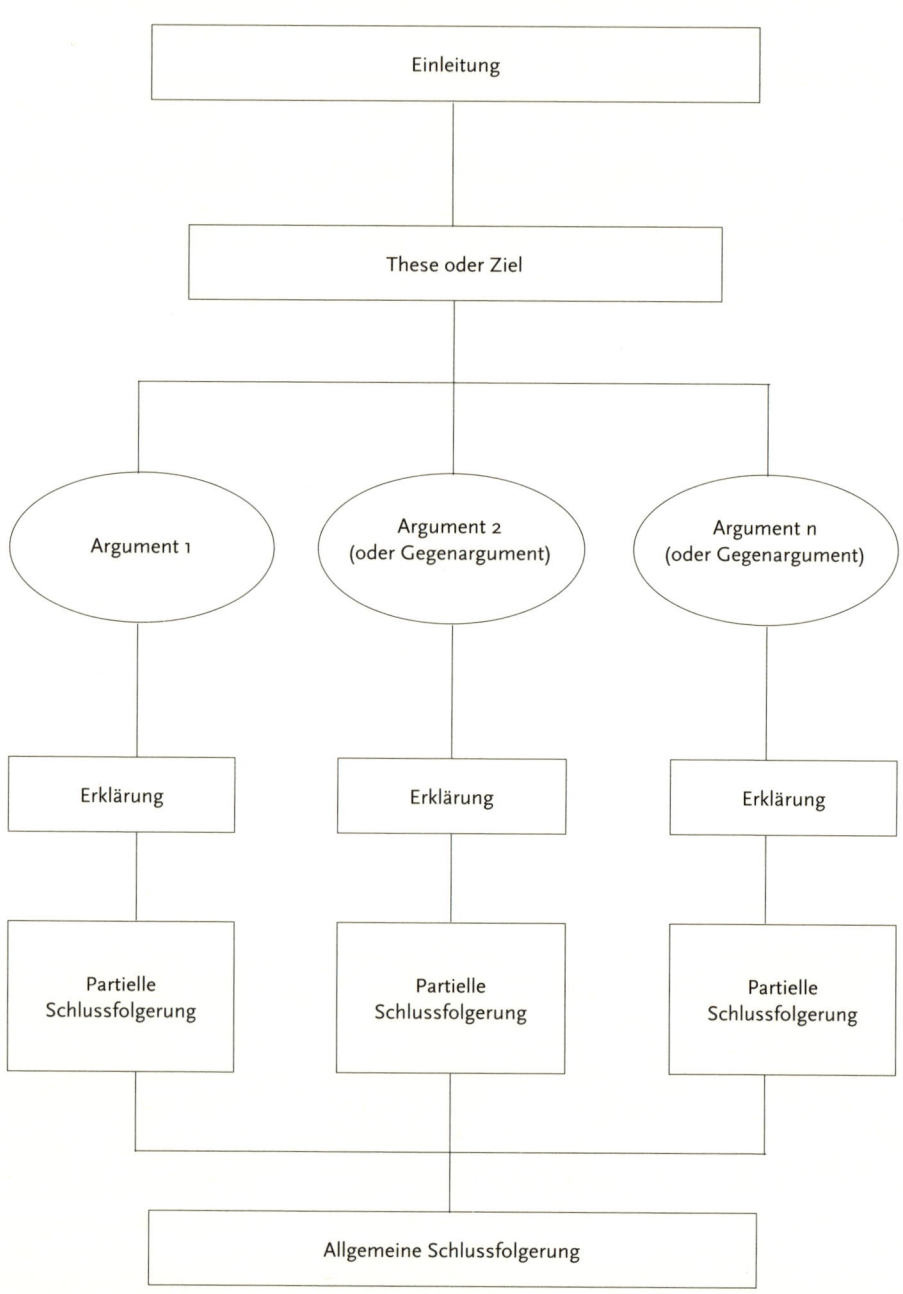

Argumentationsschema 1

Wir haben auch bei Bachelards Text (S. 126-127) folgendes Muster gesehen:

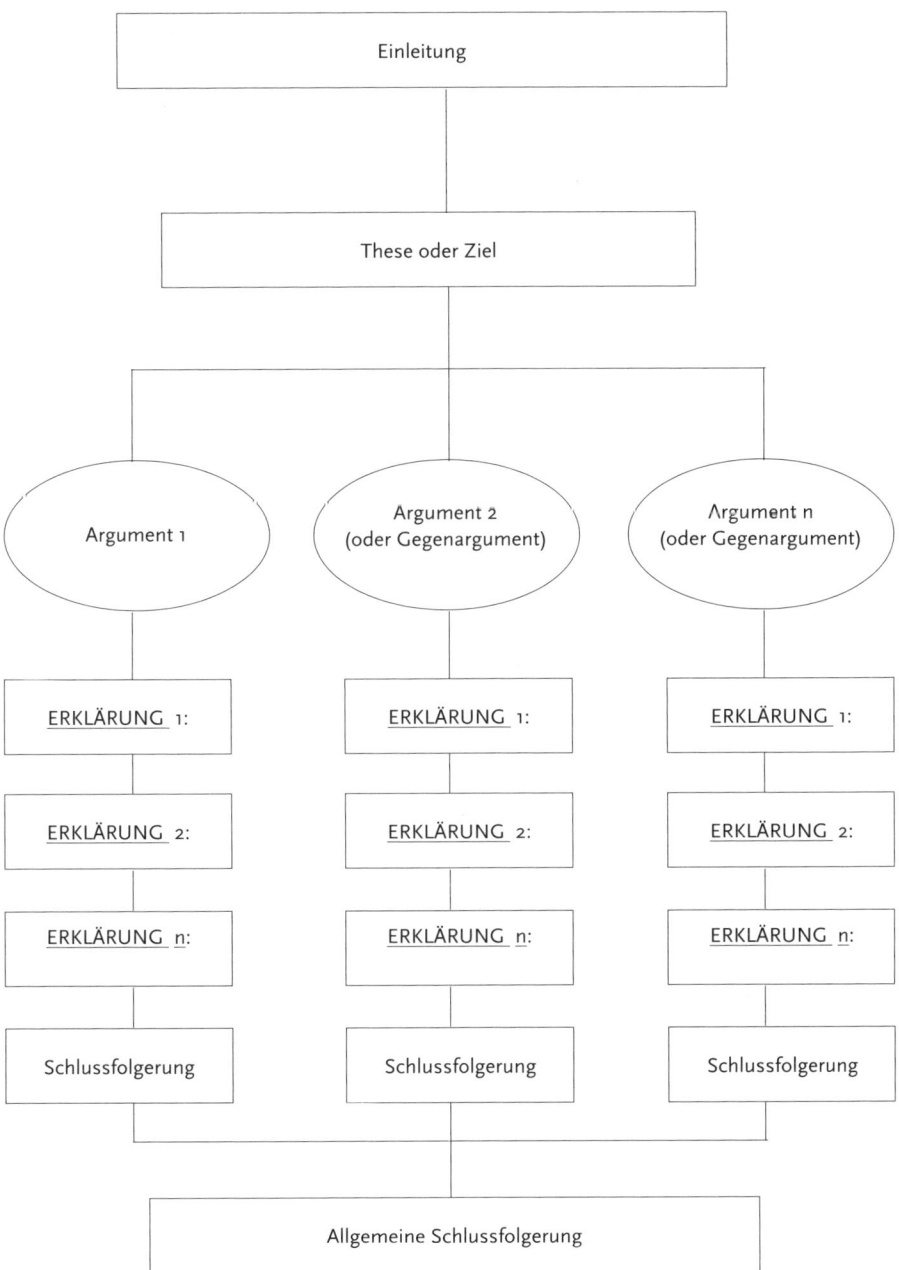

Argumentationsschema 2

Man kann aber auch jedes Argument durch ein Beispiel veranschaulichen. Insbesondere für abstrakte Untersuchungen kann die Anwendung von Beispielen nützlich sein, denn sie erleichtern das Textverständnis und lockern den Text auf. Gehen Sie jedoch mit Beispielen vorsichtig um:

▸ Ein Beispiel ist kein Argument. Es illustriert eine Aussage, kann und darf aber keine Argumentation ersetzen.
▸ Übertreiben Sie nicht: Allzu viele Beispiele können Ihre Beweisführung schwächen. Wählen Sie lieber ein starkes als zehn schwache.
▸ Überprüfen Sie die Richtigkeit Ihres Beispiels.

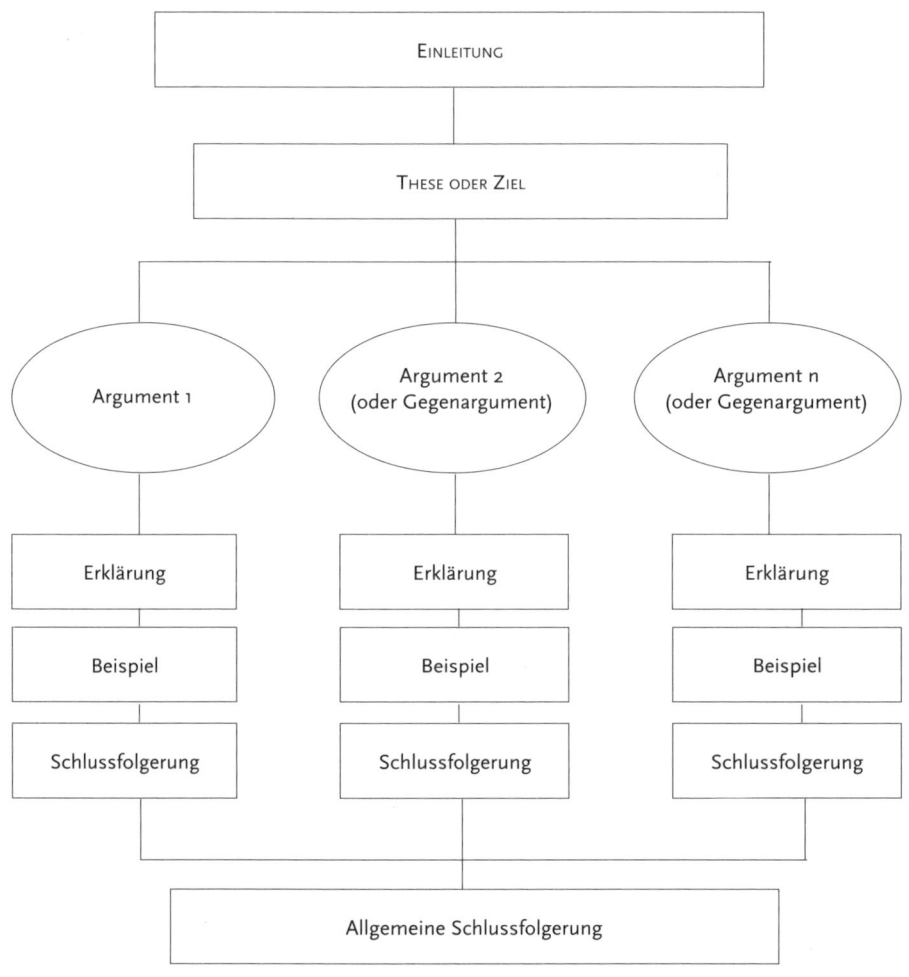

Argumentationsschema 3

Sicherlich werden Sie während Ihrer Lektüre noch andere Argumentationsstrukturen finden: Versuchen Sie, diese auch in ähnlichen Schemata darzustellen. So schaffen Sie sich einen Fundus von Vorlagen, auf den Sie beim Schreiben zurückgreifen können. Denn entscheidend ist nicht eine bestimmte Struktur, sondern dass Sie überhaupt eine Struktur verwenden. Damit gewinnt Ihre Argumentation an Stärke und Verständlichkeit.

PRAXIS

Worauf sollten Sie beim Schreiben achten?

► Wählen Sie einen Leitgedanken und halten Sie sich daran.
► Überprüfen Sie die Kohärenz der Gedanken.
► Verbinden Sie die Sätze mit logischen Verbindungswörtern.
► Verwenden Sie eine demonstrative, dem Leser die Sachverhalte darstellende Sprache.
► Schreiben Sie mittellange Sätze. Ein Richtwert von 20-25 Wörtern ist leserfreundlich.
► Vermeiden Sie Umgangsprache und Füllwörter.
► Unterlassen Sie Witze und Ironie.

Überprüfen Sie den Aufbau Ihrer Argumentation.
► Haben Sie alle Ihre Behauptungen begründet?
► Haben Sie überall Ihre Position begründet?
► Haben Sie mögliche Gegenargumente zu Ihrer Position berücksichtigt?
► Sind alle Ihre Urteile sachlich? Sind Sie sicher, dass Sie sich nicht von Emotionen haben leiten lassen?

Wie vergleiche ich Gegenstände?

Schnell wachsende Keime welken geschwinde;
zu lange Bäume brechen im Winde.
Wilhelm Busch

Ein Vergleich kann sowohl Teil einer Argumentation sein als auch selbst Gegenstand einer Arbeit. Verglichen werden Merkmale, d.h. Unterschiede und Ähnlichkeiten verschiedener Gegenstände (Phänomene, Texte, Ereignisse).

Was müssen Sie klären, bevor Sie einen Vergleich angehen?
- Wovon Sie ausgehen wollen: Was stellen Sie fest, oder was ist zunächst feststellbar?
- Was Sie erreichen wollen: Was ist Ihr Ziel?

Sind diese beiden Punkte geklärt, müssen Sie noch überlegen, was Sie klarstellen wollen. Im folgenden Abschnitt finden Sie einige Argumentationsmuster, die mit Vergleichen arbeiten. Es ist nur eine Auswahl aus vielen möglichen Mustern. Jeder der Punkte in den Argumentationsketten kann eine andere Stelle annehmen und mit anderen neu kombiniert werden.

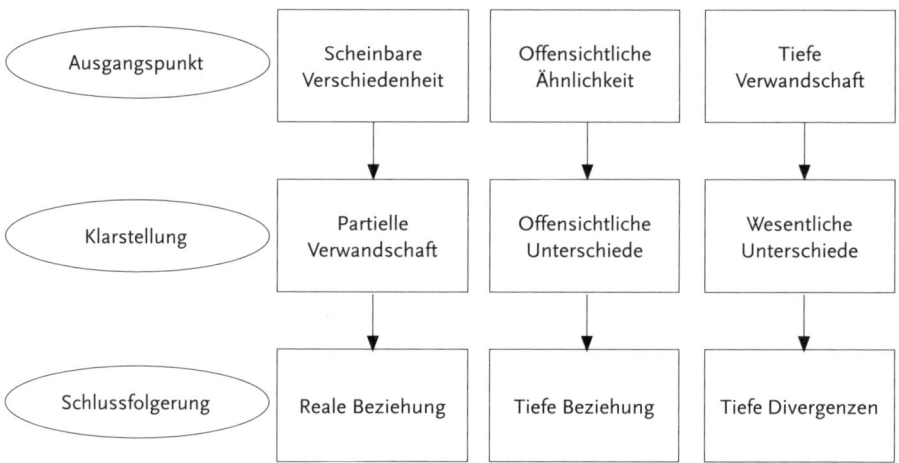

Zur Vorbereitung Ihres Vergleichs können Sie die unterschiedlichen Merkmale, die Sie berücksichtigen wollen, auflisten. Man kann beispielsweise zwei oder mehr Gegenstände vergleichen und deren Merkmale in eine Tabelle bringen (siehe unten).

Wir haben z. B. zwei Gegenstände A und B, deren Merkmale verglichen werden sollen. Für eine gute Lesbarkeit der Tabelle werden diese wie folgt gekennzeichnet:
- Ähnlichkeiten: =
- Unterschiede: ≠
- Merkmale, die nur bei einem der betrachteten Gegenstände vorhanden sind: +
- Merkmale, die beim Gegenstand nicht vorhanden sind: o

Zum Beispiel, Sie wollen Luxemburg und Malta unter dem Gesichtspunkt des Transportes vergleichen: kein Meer beim ersten, keine Landverbindung mit dem Ausland beim anderen. So können Sie in Ihrer Tabelle Folgendes notieren:

Merkmal	Malta	Luxemburg
Meerverbindung	+	o
Landverbindung mit dem Ausland	o	+
...	....	....

Kehren wir zu unseren ursprünglichen Gegenständen A und B zurück. Ihre Merkmale werden folgendermaßen aufgelistet:

Merkmal	A	B
Merkmal 1	=	=
Merkmal 2	=	=
Merkmal 3	≠	≠
Merkmal 4	+	o
Merkmal 5	≠	≠
Merkmal 6	o	+
Merkmal 7	+	o
Merkmal n	...	...

Haben Sie das Ziel Ihres Vergleichs geklärt? Die Merkmale, die Sie eventuell vergleichen wollen, aufgelistet? Dann können Sie mit dem Arbeitsblatt von S. 164 Ihren Vergleich vorbereiten.

Wie strukturieren Sie dann einen Vergleich? Sie wollen nun einen Text verfassen, der mehrere Gegenstände vergleicht. Auch hier können Sie verschiedene Strukturen verwenden. Es ist ratsam, eine bestimmte Ordnung einzuhalten, damit kein wichtiger Aspekt verloren geht. Sie finden auf den folgenden Seiten einige Anregungen zur Strukturierung eines Vergleichs. Auch hier sind unterschiedliche Modelle möglich: Beobachten Sie die Textestruktur anderer Autoren, um sich von ihnen anregen zu lassen.

ARBEITSBLATT: **Vorbereitung eines Vergleichs**

Zu vergleichende Gegenstände:

1. Was ist das Ziel meines Vergleichs?

2. Welche Ähnlichkeiten, Gemeinsamkeiten oder Beziehungen gibt es zwischen den zu vergleichenden Gegenständen?

3. Sind sie offensichtlich? Sind sie versteckt?

4. Welches sind die Unterschiede, Oppositionen oder Divergenzen zwischen den zu vergleichenden Gegenständen?

5. Sind sie offensichtlich? Sind sie versteckt?

6. Welche Aspekte – Unterschiede und Ähnlichkeiten – spielen eine wichtige Rolle für meinen Vergleich? Welche können mir helfen, mein Ziel zu erreichen?

7. In welcher Reihenfolge will ich sie behandeln?

8. Welche problematischen Aspekte könnten zu einer Diskussion führen?

Modell 1: Es konzentriert sich auf die aufeinanderfolgende Untersuchung beider Gegenstände, A und B.

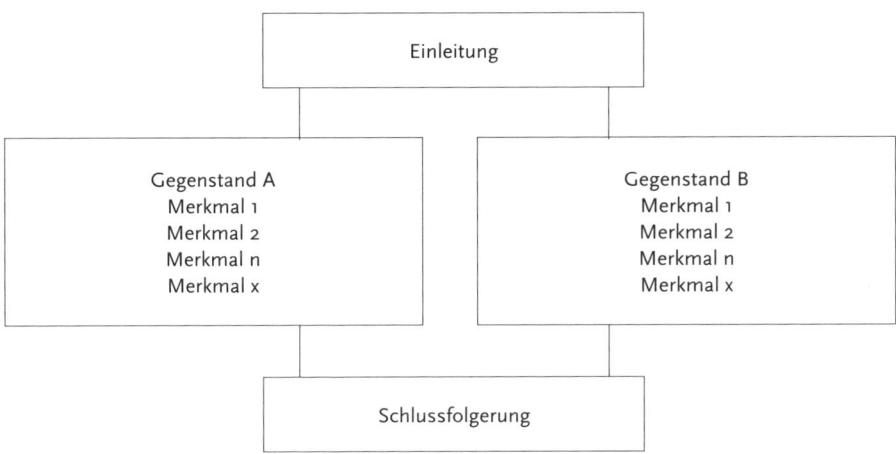

Modell 2: Es untersucht die einzelnen Merkmale von A und B nacheinander.

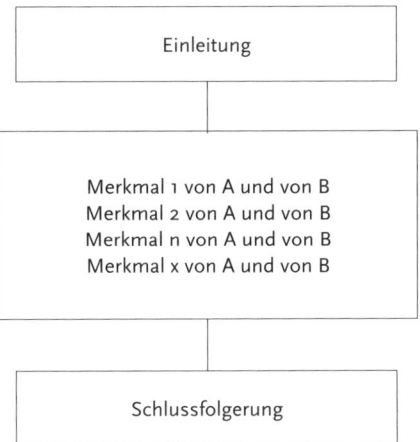

Modell 3: Hier werden zunächst die Ähnlichkeiten, dann die Unterschiede separat betrachtet.

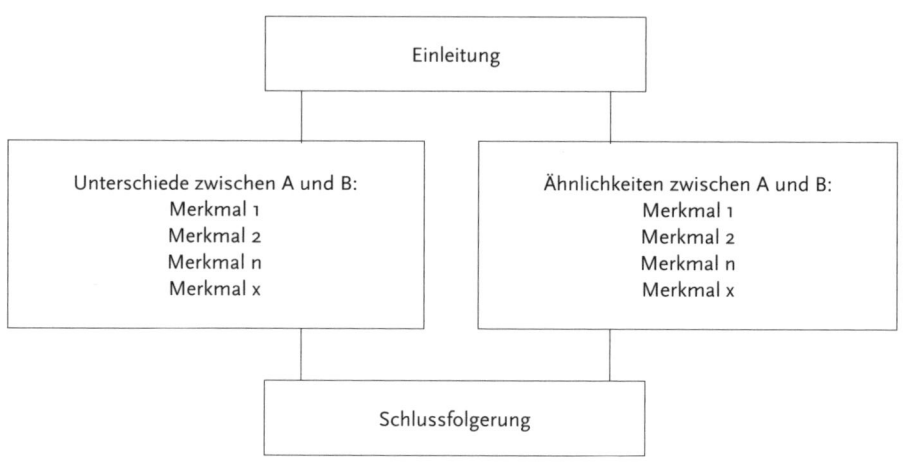

Spielen Sie nicht den *Advocatus Diaboli*

▶ Seien Sie immer aufrichtig in Ihrer Argumentation.
▶ Sie haben natürlich das Recht, eine bestimmte These zu bevorzugen. Vermeiden Sie es jedoch, verdrehte, unsachliche oder parteiische Vergleiche zu ziehen, um Ihre Position zu verteidigen. Sie könnten zerstören, was Sie mühevoll aufgebaut haben.
▶ Hier, wie auch an anderen Stellen, sollten Sie nicht vertuschen, was nicht zu Ihrer These passt. Das würde Ihre Beweisstellung nur schwächen. Sehen Sie eher dieses scheinbar unpassende Element als Herausforderung an und setzen Sie sich mit ihm auseinander. Es könnte Ihre These sogar stärken.
▶ Vermeiden Sie es, Unvergleichbares unbedingt vergleichen zu wollen: Nicht alles ist mit allem vergleichbar.
▶ Jedes Merkmal verdient die gleiche, strenge, objektive und neutrale Behandlung wie die anderen.
▶ Achten Sie auf Gleichgewicht: Alle Teile müssen gleichberechtigt behandelt werden: nicht zu viel auf einer Seite und zu wenig auf der anderen.

Wie zeige ich kritischen Geist?

Wo du sicher bist, setze ein Fragezeichen.

Wieslaw Brudzinski

Um eine wissenschaftliche Arbeit durchzuführen, ist kritischer Geist vonnöten: Sie müssen Abstand von scheinbar selbstverständlichen Positionen nehmen können, seien es die eigenen oder fremde. Sie müssen Ihre eigenen Aussagen in Frage stellen können und überhaupt Fragen stellen.

Kinder verfügen über diese Fähigkeit, die beim Erwachsenwerden oft verloren geht. Sie entdecken die Welt mit neuen Augen, wundern sich, wollen wissen und verstehen, was ihnen begegnet. Sie geben sich nicht mit einer Antwort zufrieden und fragen immer weiter. Auch Sie sollten versuchen, Ihren Denkgegenstand mit einem fremden, kindlichen Blick zu betrachten. Tun Sie so, als ob Sie nicht verstünden. Stellen Sie Fragen. Hinterfragen Sie. Methodisch und Schritt für Schritt.

Achten Sie auf Ihre Behauptungen. Oft beantworten Sie Fragen, ohne diese vorher explizit gestellt zu haben. Stellen Sie die Fragen zu Ihren Behauptungen! Dadurch gewinnen Sie eine kritische Distanz gegenüber Ihren Aussagen. Sie werden andere mögliche Antworten auf die Frage finden. So können Sie Ihre Erstaussage überprüfen, ausdifferenzieren, revidieren oder stärken. Dies wird Ihnen auch helfen, solide Argumente zu finden.

Nehmen wir beispielsweise den Satz: *Wenn mehr Frauen an der Macht wären, gäbe es weniger Kriege.* Welches sind die impliziten Voraussetzungen dieser Aussage?
- Der Krieg ist reine Männersache.
- Frauen reagieren im Konflikt anders als Männer.
- Frauen und Männer haben verschiedene psychologische Eigenschaften.
- Die weibliche Psyche ist sanft, pazifistisch, liebevoll usw.

Diese Behauptungen müssen analysiert und bewiesen werden, wenn man mit ihnen argumentieren will. Für sich allein haben sie keinen Wert für die Argumentation.

Hüten Sie sich auch vor Verallgemeinerungen bzw. stellen Sie sie in Frage. Nehmen wir z.B. die Aussage: *Fernsehen macht Kinder apathisch.* Man kann hinterfragen:
- Macht Fernsehen *alle* Kinder apathisch?
- Macht Fernsehen Kinder *immer* apathisch?
- Macht *jedes* Fernsehen Kinder apathisch?

Keine von diesen Fragen ist mit einem eindeutigen *Ja* oder *Nein* zu beantworten. Will man also über den Einfluss des Fernsehens auf Kinder überzeugend urteilen, müssen Antworten ausdifferenziert werden.

PRAXIS

Die cartesianische Methode

Um Ihren kritischen Geist zu schärfen und Ihre kritische Vorgehensweise zu systematisieren, empfiehlt sich die Lektüre eines altgedienten Philosophischen Textes: René Descartes' *Abhandlung über die Methode des richtigen Vernunftge-brauchs*. Sie ist das unabdingbare Werkzeug für jeden – und zwar nicht nur für Philosophen – der eine wissenschaftliche Studie durchführen will. Die Methode besteht aus vier Regeln, die einem Ziel verpflichtet sind: dem eigenständigen Denken und kritischen Blick. Wenn Sie diese Regeln anwenden, können Sie sicher sein, dass ein Großteil der Strukturierung Ihrer Arbeit bereits geleistet ist. Lesen wir Descartes' eigene Beschreibung seiner Methode:

Die erste [Regel] war: niemals eine Sache als wahr anzunehmen, die ich nicht als solche sicher und einleuchtend erkennen würde, das heißt sorgfältig die Übereilung und das Vorurteil zu vermeiden und in meinen Urteilen nur soviel zu begreifen, wie sich meinem Geist so klar und deutlich darstellen würde, dass ich gar keine Möglichkeit hätte, daran zu zweifeln.

Die zweite: jede der Schwierigkeiten, die ich untersuchen würde, in so viele Teile zu zerlegen als möglich und zur besseren Lösung wünschenswert wäre. Die dritte: meine Gedanken zu ordnen; zu beginnen mit den einfachsten und faßlichsten Objekten und aufzusteigen allmählich und gleichsam stufenweise bis zur Erkenntnis der kompliziertesten, und selbst solche Dinge irgendwie für geordnet zu halten, von denen natürlicherweise nicht die einen den anderen vorausgehen.

Und die letzte: überall so vollständige Aufzählungen und so umfassende Übersichten zu machen, dass ich sicher wäre, nichts auszulassen.

Aus: René Descartes, *Abhandlung über die Methode des richtigen Vernunftge-brauchs, Stuttgart 1990, S.18-19*

Was schlägt Descartes vor? Er lädt uns dazu ein,
► uns Zeit zum Nachdenken zu nehmen
► jede Information in Zweifel zu ziehen und sie erst nach gründlicher Überprüfung zu übernehmen
► ausschließlich Gegenstände zu bearbeiten, die wir wirklich verstehen
► ein Problem in einfache, leicht zu behandelnde Teile zu zergliedern
► vom Einfachsten auszugehen, um Schritt für Schritt zum Komplexeren zu gelangen
► stets die Vollständigkeit der Untersuchung zu überprüfen

Wie zitiere ich richtig?

*Es gehört nicht weniger Geist und Erfahrung
dazu, einen Gedanken, den man in einem
Buche findet, richtig anzuwenden, als der
Autor dieses Gedanken zu sein.*
Pierre Bayle

Sie befinden Sich in der Phase, wo das Gröbste der Arbeit erledigt ist und Sie den Text verfassen wollen. Ihr Kopf ist voller Ideen. Manche davon haben Sie hier und dort bei Diskussionen, Lektüren, Vorträgen aufgeschnappt. Manchmal wissen Sie nicht mehr, woher sie stammen, aber Sie wollen sie auf jeden Fall in Ihrer Arbeit verwenden. Zögern Sie nicht, dies zu tun. Falls Sie die genaue Quelle nicht mehr finden, können Sie z. B. etwas schreiben wie *Manche Autoren denken, meinen, behaupten,..., dass...* Wenn Sie sich aber an den Namen des Autors, eventuell an den Titel sogar erinnern, können diese Informationen für ein indirektes Zitat reichen. Aber wenn Sie ihn direkt und wortwörtlich zitieren wollen, müssen Sie die genauen bibliographischen Angaben in einer Fuß- oder Endnote nachweisen, einschließlich der Seitenangabe, wo der zitierte Text zu finden ist.

TIPP

„Viel Rauch und wenig Braten."

Manche Studierende glauben, eine Fülle von Zitaten mache einen klugen, wissenschaftlichen Eindruck. Das stimmt leider nicht. Eine Überflutung mit Zitaten zerstört jede Struktur im Text. Sie enthüllt einen Mangel an Wissen und Kenntnissen, der sich hinter diesem ausufernden Zitieren zu verbergen sucht. Dosieren Sie daher die Zitate behutsam.

Wozu wird zitiert?

Man unterscheidet zwei Arten von Zitaten:
▶ das indirekte Zitat: Sie geben mit Ihren eigenen Worten die Gedanken eines Autors wieder, dessen Namen und eventuell dessen Werk Sie benennen. Vorsicht: Versuchen Sie, die Gedanken des Autors möglichst treu wiederzugeben. Das indirekte Zitat muss deutlich erkennbar sein – z.B. durch Satzeinleitungen wie *Nach Heym ..., Durckheim denkt, dass ..., John stellt fest, dass ...* usw.
▶ das direkte Zitat: Es gibt Wort für Wort den Text des Autors wieder und wird in Anführungszeichen gesetzt. Auch wenn es zunächst anders erscheint, ist

diese Art des Zitierens jedoch schwieriger: Aus ihrem Kontext herausgerissen sind direkte Zitate leicht zu manipulieren. Man kann den Autor dadurch alles sagen lassen – und sogar sein Denken verfälschen.

Wenn Sie direkte Zitate verwenden wollen, achten Sie auf folgendes:
▸ Geben sie deren Kontext so weit wie möglich wieder.
▸ Wählen Sie eher kürzere Zitate: Einige Sätze reichen.
▸ Achten Sie darauf, dass die Zitate Ihre Argumentation inhaltlich unterstützen.

ACHTUNG!

„Dem Kaiser geben, was des Kaisers ist."

Auch mit Informationen aus dem Internet müssen Sie entsprechend vorsichtig umgehen. Denn einen fremden Text als Eigenproduktion anzugeben ist ein Plagiat – und dadurch macht man sich strafbar. Das gilt auch für Texte aus dem Cyberspace. Übrigens ist es nicht schwer, den Dieben geistigen Eigentums auf die Schliche zu kommen. Es reicht meistens, die fragliche Textpassage in eine Suchmaschine einzugeben. Außerdem existieren immer weiter perfektionierte Programme, um die Quelle eines aus dem Netz plagiierten Textes ausfindig zu machen wie z.B. *www.plagiarism.org* oder *http://plagiarism.phys.virginia.edu/software.html*.
Schreiben Sie also lieber Ihre eigene Arbeit, und geben Sie Ihre Quellen konsequent und vollständig an, auch wenn diese online sind.

Wann wird zitiert?

Gehen Sie mit direkten Zitaten sparsam um. Zitieren Sie nur an entscheidenden Stellen, wie z.B.:
▸ zu Beginn einer Einleitung: Es kann dort eine Frage, ein Aphorismus, ein Paradoxon usw. stehen.
▸ als Ausgangspunkt einer Argumentation, z.B. einer bestimmte These
▸ zur Einführung eines Gegenarguments
▸ zur Eingrenzung Ihres Forschungsfeldes (etwa: *Hier wird der Begriff „XY" in der Bedeutung, die ihm Brent verleiht, verwendet, und zwar...*)
▸ zur Untermauerung oder Veranschaulichung eines Arguments. Vorsicht: Ein Zitat ist kein Argument und kann keine Argumentation ersetzen!

▸ als Ausgangspunkt Ihrer eigenen Argumentation. In diesem Fall muss das Zitat unbedingt kommentiert und kritisch beleuchtet werden.
▸ um einen Nebengedanken zu ergänzen, z.B. in einer Fußnote. Gehen Sie damit jedoch behutsam um: Das Hin- und Herspringen zwischen Haupttext und Fußnoten ist für den Leser anstrengend. Bestimmt ist das Ihnen auch schon aufgefallen.

Vermeiden Sie es,
▸ Zitate unkommentiert im Text stehen zu lassen.
▸ zu viele Zitate zu verwenden.
▸ nicht verstandene Sätze zu zitieren.
▸ Texte in Form einer Collage von Zitaten zu schreiben.
▸ Zitaten einen anderen Sinn als den ursprünglichen zu geben.

Wie organisiere ich die Textüberarbeitung?

Drei Viertel meiner ganzen literarischen
Tätigkeit ist überhaupt Korrigieren und
Feilen gewesen. Und vielleicht ist drei Viertel
noch zu wenig gesagt.
Theodor Fontane

Wenn Sie mit einem Computer arbeiten, ist für die Textüberarbeitung ein Ausdrucken des Textes hilfreich, und zwar aus zweierlei Gründen:
▸ Zunächst ist das Lesen am Monitor für die Augen anstrengender als das Lesen von Texten auf Papier. Dadurch hat man weniger Lust, umfangreiche Änderungen vorzunehmen.
▸ Zweitens zeigt der Bildschirm immer nur einen kleinen Textausschnitt. Der Text kann nicht in seiner Gesamtheit betrachtet werden, so dass Wiederholungen, unlogische Strukturierung usw. leicht übersehen werden können. Auf dem Papierausdruck können Sie dagegen erkennen, ob der dritte Absatz auf Seite 8 nicht doch besser weiter nach vorne gehört oder ob der gleiche Absatz nicht schon mal andernorts steht, ob die Sätze und Gedanken logisch aufeinander aufbauen usw.

Wie gehen Sie am besten vor?

▸ Damit Sie genügend Platz für Korrekturen haben, formatieren Sie den Ausdruck mit einem mindestens fünf Zentimeter breiten Rand und doppeltem Zeilenabstand.
▸ Kennzeichnen Sie Veränderungen mit einem vertikalem Strich am Seitenrand.

▶ Wenn Ihnen eine Textstelle nicht gefällt, so nehmen Sie dieses Gefühl ernst: Ihr Leser wird es bestimmt ebenfalls bemerken. Markieren Sie die Schwachstelle, auch wenn Ihnen vorerst nichts besseres einfällt. Entscheidend ist, dass Sie das Problem erkennen. Eine Lösung werden Sie später finden.

▶ Erfassen Sie die handschriftlichen Änderungen am Computer. Beschränken Sie sich nicht darauf, Ihre Korrekturen mechanisch einzugeben, sondern nutzen Sie diese Gelegenheit, um den Text gleich noch einmal kritisch durchzulesen.

▶ Achten Sie besonders darauf, dass sich der Text an den Stellen flüssig liest, an denen Sie etwas verändert haben.

TIPP

Laut vorlesen

Lesen Sie sich den überarbeiteten Text laut vor, bitten Sie jemanden, ihn für Sie vorzulesen – oder nehmen Sie sich dabei auf. Lautes Vorlesen ist die sicherste Methode, vor allem für unerfahrene Schreiber, gekünstelte, monotone oder schwer verständliche Stellen aufzuspüren.

Geben Sie nach Möglichkeit den Text einem Dritten zum Lesen. Stellen Sie ihm dabei konkrete Fragen wie z.B.:

▶ Ist der Text verständlich?
▶ Was ist gelungen, interessant, gut formuliert?
▶ Was ist unklar, problematisch, widersprüchlich, konfus, unvollständig?
▶ Was bräuchte Ihr Leser, um den Text besser zu verstehen?

Kapitel 3: Wie wird mein Text leserfreundlich?

Als Leser freuen Sie sich, wenn ein Text klar und strukturiert ist, wenn er Orientierungsstellen bietet und wenn ein roter Faden erkennbar ist. Denken Sie an Ihren Leser und erleichtern Sie ihm die Arbeit. Es ist wichtig, dass Sie Ihren Text klar strukturieren und den Bezug zwischen Ihrer Fragestellung und den jeweiligen Textteilen immer wieder deutlich machen. Ein Text besteht aus Kapiteln, welche verschiedene Abschnitte umfassen, die wiederum aus Absätzen bestehen. Jeder dieser Teile (Kapitel, Abschnitt, Absatz) bildet jeweils eine Einheit mit einem Anfang, einer Mitte und einem Ende. Achten Sie darauf, diese verschiedenen Teile deutlich zu machen: Ihr Text wird dadurch an Kohärenz und Struktur gewinnen.

In diesem Kapitel werden wir sehen, auf welche Punkte zu achten ist und welche Fehler zu vermeiden sind.

Wie strukturiere ich ein Kapitel?

Ein Ganzes ist, was Anfang, Mitte und Ende hat. Ein Anfang ist, was selbst nicht mit Notwendigkeit auf etwas anderes folgt, nach dem jedoch natürlicherweise etwas anderes eintritt oder entsteht. Ein Ende ist umgekehrt, was selbst natürlicherweise auf etwas anderes folgt, und zwar notwendigerweise oder in der Regel, während nach ihm nichts anderes mehr eintritt. Eine Mitte ist, was sowohl selbst auf etwas anderes folgt als auch etwas anderes nach sich zieht.

Aristoteles

Im Kapitel II haben wir gesehen, wie ein Fachtext überflogen wird: Man liest Einleitung und Schluss, anschließend Beginn und Schluss eines jeden Teils, man liest den ersten Satz des Absatzes mit Aufmerksamkeit. Und, falls der Text interessant erscheint, lesen wir ihn ganz durch. Ihr Leser wird wahrscheinlich genau so verfahren. Vermitteln Sie ihm einen klaren Eindruck Ihres Textes und bieten Sie ihm Orientierung: Beginnen Sie jeden Teil mit einer kurzen Einleitung, führen Sie im Textkörper die in der Einleitung angekündigten Gedanken aus und beenden Sie das Kapitel mit einem kurzen Fazit. Unsere Grafik (S. 174) macht anschaulich, wie Sie ein Kapitel strukturieren können.

KAPITEL X

Beginnen Sie mit einer kurzen Einführung:

– Welchen Gegenstand oder welche Frage
  behandelt dieses Kapitel?
– Was verbindet es mit dem vorigen
  Kapitel?
– Welche Stelle hat es in Bezug auf die
  Fragestellung Ihrer Arbeit?
– Was ist das Ziel dieses Kapitels?
– Welches sind die Ausgangsfragen?
– Wie ist es gegliedert?

TEXTKÖRPER

ABSATZ 1

ABSATZ 2

ABSATZ n

Ein Tipp

Zeichnen Sie in der Rohfassung zu Beginn eines jeden
Kapitels einen Kasten mit dem
Titel INHALTSVERZEICHNIS und
notieren Sie die Überschriften
der einzelnen Teile und der
Unterteile untereinander.
– Mit dieser Minigliederung
  werden Sie sich besser orientieren können.
– Sie werden sicherstellen
  können, dass Sie nichts
  vergessen haben.
– Beim Wiederlesen können
  Sie auf den ersten Blick den
  Inhalt eines Kapitels
  erkennen.

Schließen Sie mit einem kurzen Fazit:

– Rekapitulieren Sie die Ausgangsfrage,
  Ihre Vorgehensweise und Ihre Ergebnisse:
  Was muss der Leser von diesem Kapitel
  behalten?

– Kündigen Sie den nächsten Teil an, zum
  Beispiel durch eine Frage, eine Hypothese
  usw., und zeigen Sie, dass diese sich aus
  Ihrer Analyse ergibt: Worauf muss sich
  der Leser vorbereiten?

Ein Tipp

Zeichnen Sie in der Rohfassung auch einen Kasten mit
dem Titel FAZIT. Notieren Sie
die Hauptgedanken, die Sie im
Kapitel bearbeitet haben. Das
wird Sie zwingen, eine
Synthese zu bilden.

Dieser Kasten kann Sie auch
auf das Fehlen eines wichtigen
Teils aufmerksam machen
oder zeigen, dass Sie einen
Gegenstand behandelt haben,
der nicht hierher gehört.
Sie können Ihr Denken so
besser strukturieren und
kontrollieren.

Wie strukturiere ich einen Absatz?

Die Worte sind für die Gedanken, was das
Gold für die Diamanten ist: nötig, um sie zu
fassen. Aber sie bedürfen ihrer wenig.

Voltaire

Ein klarer Aufbau der einzelnen Absätze ist die Voraussetzung für Kohärenz und Einheit Ihres Textes. Es ist daher wichtig, dass Sie Ihre Gedanken in Absätzen organisieren, wobei jeder Absatz eine eigene Sinneinheit bildet. Wie wir bereits auf Seite 104 gesehen haben, bedeutet dies:

- Ein Absatz behandelt einen Kerngedanken – wirklich nur einen.
- Der erste Satz stellt den Kerngedanken dar.
- Die folgenden Sätze führen ihn aus.
- Der letzte Satz schließt diese Ausführung bzw. bereitet auf den nächsten Absatz vor.

Formulieren Sie am Ende jedes wichtigen Schritts Bilanz-Absätze: Rekapitulieren Sie Ihr Verfahren, stellen Sie die Argumente dar, die Sie vorgebracht haben und diskutieren Sie sie. Dabei können Sie mögliche Widersprüche in der Argumentation erkennen und bearbeiten.

TIPP

Formatwechsel

Um einen Absatz prägnant zu schreiben, können Sie sich in der Rohfassung von den verschiedenen Formaten Ihres Textverarbeitungsprogramms helfen lassen. Sie können beispielsweise den ersten Satz in KAPITÄLCHEN schreiben. Dadurch gewinnt er an Gewicht. Bei der Textüberarbeitung können Sie dann eine Phase einrichten, in der Sie sich ausschließlich um die jeweiligen Anfangssätze Ihrer Absätze kümmern: Formulieren Sie diese so prägnant wie möglich. Ähnlich können Sie mit dem letzten Schlusssatz verfahren, vielleicht mit einem weiteren Format (z.B. fett). Probieren Sie aus, was Ihnen am besten hilft.

Ein Text muss alle für den Leser wichtigen Informationen bieten, und zwar in einer logischen Reihenfolge. Ein gut aufgebauter Text muss, was den Sinn betrifft, drei Regeln befolgen:

▶ Fortschreitende Entwicklung der Information: Jeder Satz muss mindestens ein neues Informationselement gegenüber dem schon vorhandenen Text bringen.

▶ Kontinuität: Ein Satz muss sich auf die Information des vorherigen stützen.

▶ Nicht-Widerspruch: Ein Satz darf nicht im logischen Widerspruch zu den vorangegangenen Sätzen stehen.

PRAXIS

Beziehungswörter

Verknüpfen Sie Ihre Sätze miteinander durch sog. Beziehungswörter (Konjunktionen, Adverbien und Präpositionen). Setzen Sie diese Wörter so ein, dass sie die Textstruktur unterstützen – gehen Sie jedoch behutsam damit um: Setzen Sie nicht zu wenige ein, aber auch nicht zu viele.

Man unterscheidet:
Beziehungwörter der ZEIT (Zeitpunkt oder Dauer):
als, bevor, ehe, nachdem, sobald, wenn, während, da, dann, jetzt, bald, damals, vormals, sporadisch, jüngst, gelegentlich, dann, lange, zeitlebens, immer, vor, nach, in, von... an, seit, anschließend, ab

Beziehungswörter des ORTES und der RICHTUNG:
hier, da, dort, dorthin, oben, vor, entlang, außerhalb, neben, über, unter, in

Beziehungswörter des GRUNDES und der URSACHE:
weil, denn, darum, daher, deshalb, folglich, trotzdem, demzufolge, da, nun, somit, mithin, wenn auch, durch, aufgrund, wegen, angesichts, deshalb, damit, hinsichtlich, weshalb, infolge, zwecks, bezüglich

Beziehungswörter des ZIELS, des ZWECKS, der FOLGE:
damit, infolge, so dass, aus, wegen, dass, um... zu, zwecks

Beziehungswörter der BEGLEITUMSTÄNDE:
aber, also, trotzdem, und, zwar, aber, als, wenn, dadurch, dass, indem, insoweit, ohne zu, beziehungsweise, sowohl – als auch, sowie, nicht nur – sondern auch

Beziehungswörter der BEDINGUNG:
sofern, falls, wenn, soweit, anstatt, gleichwohl, ehe, so, ob, bevor, dennoch

Beziehungswörter des GEGENSATZES
entweder – oder, zwar – aber, nur, aber, allein, doch, statt, sondern, während, hingegen, jedoch

Beziehungswörter der BEWERTUNG:
kaum, möglicherweise, sicherlich, vielleicht, wahrscheinlich, vermutlich, anscheinend, allenfalls, dem Anschein nach, erwägbar, wie anzunehmen ist, gern, zweifellos

Wie betone ich den roten Faden meiner Arbeit?

Ebenso zieht sich durch Ottiliens Tagebuch
ein Faden der Neigung und Abhängigkeit, der
alles verbindet und das Ganze bezeichnet
Johann Wolfgang von Goethe

Den roten Faden herauszuarbeiten ist wichtig, damit Sie
▸ Ihr Ziel nicht aus den Augen verlieren.
▸ die Grenzen Ihres Themenfeldes nicht überschreiten.
▸ Ihrem Leser klar machen können, wohin Sie ihn führen.

Betrachten Sie jeden Teil Ihrer Arbeit als eine kleine Studie für sich, mit einer knappen Einleitung und einem knappen Schluss. Machen Sie den Bezug zwischen Beginn und Ende des Textes deutlich.
▸ Zu Beginn einer neuen Etappe können Sie kurz an die Ausgangsfrage erinnern. Wozu?
  ■ Sie werden sich des Bezugs zwischen einem bestimmten Schritt und Ihrer Fragestellung immer wieder bewusst.
  ■ Sie können überprüfen, ob es tatsächlich einen Bezug gibt.
  ■ Sie schützen sich davor, etwas zu behandeln, das mit Ihrer Frage nichts zu tun hat.
▸ Nach jeder wichtigen Etappe können Sie Ihr Verfahren rekapitulieren bzw. Ihre Ergebnisse deutlich darstellen. Fragen Sie sich: Was muss sich der Leser merken? (Z.B.: *Bisher wurde gezeigt, dass... und dass... . Nun stellt sich noch die Frage, ob...*)
▸ Machen Sie gegebenenfalls Rückbezüge oder Verweise auf Folgendes (z.B.: *Dieses Problem, das im Kapitel 3 bereits analysiert wurde....; Wie bereits erwähnt....; Dieser Aspekt wird im Kapitel 5 noch ausführlicher behandelt...*). Halten Sie Ihr Versprechen!

PRAXIS

Den roten Faden betonen

Um den roten Faden Ihres Textes deutlich zu machen und die Kontrolle über Ihren Gedankengang zu behalten, helfen Ihnen sogenannte „metadiskursive Formulierungen". Erklären Sie, was Sie tun: Dadurch überprüfen Sie die Richtigkeit jeder Etappe und stellen sicher, dass Sie bei Ihrem Thema bleiben. Über diese Formulierungen freut sich auch Ihr Leser, denn er kann die verschiedenen Gedankengänge sofort erkennen. Der Text gewinnt an Klarheit und Struktur. Dosieren Sie jedoch diese Erklärungen, variieren Sie die Form und die Formulierung.

In der folgenden Liste finden Sie dafür einige Anregungen. Suchen Sie beim Lesen anderer Texte nach weiteren Formulierungen, schreiben Sie diese auf – vielleicht legen Sie dafür sogar ein kleines Heft an.

▶ *Einführen, präsentieren*
- Zunächst soll der Begriff... erklärt /geklärt /präzisiert werden.
- Die folgende Analyse versucht, die Schritte deutlich zu machen, die für... charakteristisch sind.
- Dieses Kapitel widmet sich...

▶ *Definieren*
- Was ist ein „X"? Wir sagen zum Beispiel: Ein „X" ist... Wir meinen... . Demgemäss sprechen wir von... Aber...
- Das Wort „X" wird im außerwissenschaftlichen Sprachgebrauch häufig mit Vorstellungen von...
- X hat eine vielfältige und oft nicht klar abgrenzbare Bedeutung. Denn ein X ist... Aber...

▶ *Ergebnisse bilanzieren, rekapitulieren, rückverweisen*
- Es bleibt aber noch die Frage zu behandeln,...
- Bisher haben wir von... und... gesprochen. Im folgenden widmen wir uns dem...
- Die vorangegangenen Überlegungen geben uns die Möglichkeit, weiter...

▶ *Aufgreifen*
- In diesem Zusammenhang weist Müller auf Folgendes hin: ...
- Was geht aus der Analyse von Jens hervor?
- Der Versuch Meyers führt aber noch weiter: ...

▶ *Eingrenzen*
- Hier sei angefügt, dass wir in diesem Kapitel nur eine ... behandeln: die...
- Die folgenden Beispiele sollen nicht zum Verständnis von... beitragen; das liegt nicht im Bereich dieser Arbeit. Vielmehr sollen sie zeigen, wie... / Das Beispiel soll nicht mehr leisten, als zu verdeutlichen, dass...
- Es wäre aber einseitig, X nur auf... zu beziehen.

▶ *Illustrieren, dokumentieren*
- Was können wir an diesem Beispiel erkennen?
- Schließlich sei noch anhand von... dargelegt, wie...
- Als gutes Beispiel für... bietet sich... an.
- Bevor wir eine Deutung wagen, wollen wir an einem Beispiel zeigen, dass...

▶ *Pointieren, hervorheben*
- An... wird noch einmal klar, dass....
- Damit berühren wir einen Aspekt des...
- Wir dürfen dabei nicht übersehen, dass...

▶ *Kommentieren*
- Der Text informiert über...
- Bei dem Vergleich wird deutlich, dass... / Wenn man... miteinander vergleicht, sieht man, dass...
- Was zeigt uns diese Analyse?

Verwenden Sie jedoch auch diese Hilfsmittel mit Vorsicht: Sind es zu viele, lenken sie den Leser ab und verhindern, dass er den Text als Ganzes überschauen kann.

Ein Tipp: Ihr Text wird pfiffiger wenn Sie einige dieser Formulierungen in Fragen umsetzen; z.B. anstatt zu schreiben: *An diesem Beispiel kann man erkennen, dass...* können Sie fragen: *Was lässt sich aus diesem Beispiel erkennen?*

Von Autoren schreiben lernen.

*Als ich die Blechtrommel las, ging ich dazu
über, ganze Perioden abzuschreiben, indem
ich das Grass'sche Satzschema übernahm
und mit eigenen Ausdrücken ausfüllte (...).
Dasselbe machte ich mit Texten von Musil,
Broch, Kafka und Thomas Mann.*
Hermann Burger

Im Laufe Ihrer Lektüren werden Sie Texten begegnen, die Sie besonders ansprechen, sei es wegen ihres angenehmen Stils oder ihrer besonderen Klarheit, ihrer deutlichen Struktur usw. Lassen Sie sich von diesen Autoren inspirieren! Durch Nachahmung können Sie den Meistern die Grundprinzipien des Handwerks entlocken. So werden Sie mit Sicherheit Ihren Schreibstil verbessern. Merke: Ein guter Schreibstil zeugt nicht nur von klaren Gedanken, er hat auch eine positive Rückwirkung auf das Denken. So können Sie auf die im Arbeitsblatt genannten Aspekte achten:

ARBEITSBLATT: **Schreibstrategien eines Autors identifizieren**

Autor:
Titel:
Wie führt der Autor das Thema ein?
Wie schließt er es?
Mit welchen Mitteln stellt er den Bezug zwischen Anfang und Ende des Textes her?
Wie strukturiert er seinen Text?
Wie schafft er die Übergänge von einem Absatz zum nächsten?
Wie erstellt er Rückverweise?
Wie definiert er Fachbegriffe?
Wie integriert er Zitate in seinen Text?
Wie führt er Beispiele ein?
Wie macht er den roten Faden erkennbar?
Mit welchen Mitteln wendet er sich an den Leser?
Sonstiges:

Wie kann ich meinen Leser positiv beeinflussen?

Je lockerer, desto reizbarer –
je dichter, desto reizfähiger.

Novalis

Ihr Text ist zum Lesen bestimmt. Er muss also verständlich sein. Hier finden Sie einige Anregungen, die Ihnen helfen werden, den Erwartungen Ihrer Leser entgegen zu kommen.

▸ Ihr Leser hat wenig Zeit: Er will gleich erkennen können, was in Ihrem Text wichtig ist. Verzichten Sie auf Überflüssiges. Streichen Sie alles durch, was nicht zum Verständnis Ihres Textes beiträgt, damit Ihre Kerngedanken greifbar und zugänglich werden.

▸ Ihr Leser will interessiert werden: Schreiben Sie deutlich, was Sie ihm anbieten wollen. Heben Sie das Besondere an Ihrer Arbeit hervor.

▸ Ihr Leser ist nicht so gut informiert wie Sie – oder, wenn er Ihr Dozent ist, wird er denjenigen spielen, der nichts weiß und etwas erfahren will. Auf jeden Fall sind *Sie* der Spezialist. Stellen Sie sich einen Leser vor, der etwas von Ihnen lernen will! Seien Sie nicht schüchtern, sondern sagen Sie, was Sie zu sagen haben!

▸ Ihr Leser schätzt eine verständliche Sprache: Er hat keine Lust, erraten zu müssen, was hinter manchen kryptischen Sätzen steht. Unterlassen Sie komplizierte Ausdrücke, wenn es einfacher geht. Vermeiden Sie Fremdwörter, wenn das entsprechende Wort auf Deutsch existiert.

▸ Ihr Leser teilt nicht unbedingt Ihre Sicht der Dinge. Es wird Ihnen sogar helfen anzunehmen, dass er eine gegensätzliche Position zu der Ihren vertritt: Um ihn zu überzeugen, werden Sie sich daher um eine solide Argumentation und eine kohärente Beweisführung bemühen.

▸ Ihr Leser schätzt Klarheit. Er will wissen, um was es im Text geht. Er will wissen, was ihn erwartet und schätzt einen deutlich erkennbaren roten Faden, an den Gedanken in einer logischen und verständlichen Art anknüpfen.

▸ Ihr Leser geht von seinen eigenen Vorstellungen aus. Vermeiden Sie unausgesprochene Aussagen nach dem Motto: *Der Leser weiß schon, was ich meine.* Ihr Leser weiß es möglicherweise nicht und wird vielleicht darüber spekulieren. Das kann zu Missverständnissen führen.

▸ Ihr Leser will verstehen, wie Sie verfahren. Er erwartet, dass Sie ihn an die Hand nehmen. Erklären Sie ausdrücklich, was Sie tun, was Sie denken, was Sie entdecken, welche Fragen Sie sich stellen.

▸ Ihr Leser schätzt Bescheidenheit. Vermeiden Sie einen pedantischen oder selbstgefälligen Ton.

▸ Ihr Leser schätzt Ehrlichkeit. Haben Sie keine Scheu zu bekennen, dass Ihre Arbeit Lücken hat, die Ihnen bewusst sind oder dass sie unvollständig ist.

TIPP

Suchen Sie sich gute Vorbilder

► Lassen Sie sich von Verfahren und Sprache der Autoren anregen, die Sie ansprechend finden.
► Ahmen Sie keine Autoren nach, die Ihnen unangenehm sind. Sie sind vielleicht nicht der einzige, dem ihr Stil zuwider ist.
► Schreiben Sie einen Text, wie Sie ihn selbst gern zu Ihrem Thema lesen würden.
► Manche Menschen lassen sich von kompliziert und konfus geschriebenen Texten beeindrucken oder gar beeinflussen. Sie denken, unverständlich zu schreiben heiße, intelligent zu sein. Sie glauben, es genüge, kompliziert zu schreiben, um tiefsinnig zu wirken. Intelligenz besteht aber darin, komplexe Sachverhalte in einer klaren und verständlichen Sprache darzustellen. Sie müssen zeigen, dass Sie wissen, über was Sie reden. Zeigen Sie es!

Wie wird mein Text klar und präzise?

Den Stil verbessern, das heißt den Gedanken verbessern.
Friedrich Nietzsche

Sie haben Ihren Text verfasst und den Inhalt überarbeitet: Sie haben Überflüssiges durchgestrichen, Fehlendes hinzugefügt. Sie haben alles hineingeschrieben, was Sie hineinschreiben wollten. Nun ist es an der Zeit, den Text anziehend, interessant und leserfreundlich zu machen. Die sprachlich-stilistische Textüberarbeitung kann beginnen. Es ist ratsam, sich dafür einige gute Wörterbücher zuzulegen wie z.B. einen Duden für die Überprüfung der Wortbedeutungen, ein Synonymenwörterbuch für den treffenden Begriff usw.

Wie können Sie verfahren?
    Lesen Sie Ihren Text noch einmal durch und konzentrieren Sie sich diesmal auf den Stil. Folgende Punkte sollten Sie dabei überprüfen:

► Betrachten Sie alle Substantive und Verben: Sind sie präzise genug oder können sie durch präzisere ersetzt werden?
► Kontrollieren Sie die Verwendung der Adjektive: Sie sind sinnvoll, wenn sie unterscheiden, abgrenzen oder werten. Zu vermeiden sind:
– *Abgedroschene Redewendungen:* (goldene Mitte, reine Wahrheit, dynamisches Wachstum)

- *Tautologien* (verheiratetes Ehepaar)
- *Widersprüche* (einseitige Kommunikation)
- *Streckadjektive* (lieber: *Gesellschaftsordnung* als *gesellschaftliche Ordnung*; lieber: *in der Schule* als *im schulischen Bereich*)
- *Superlative*, ob unmögliche (am sorglosesten, eindeutigsten, einzigste), überflüssige (der wohl größte Fehler) oder versteckte (einmalige Schönheit).
▶ Überprüfen Sie den Satzaufbau auf Leserfreundlichkeit: Maximal zwei Nebensätze pro Hauptsatz sind zulässig! Vorsicht: Das Wesentliche muss im Hauptsatz stehen, die Ergänzungen kommen in den Nebensatz – nicht umgekehrt!

TIPP

Kontrollieren Sie die Satzlänge

Vom Sprachwissenschaftler Ludwig Reiners folgende Faustregel: Ein Satz ist mit

▶ bis zu 13 Wörtern sehr leicht verständlich
▶ 14 bis 18 Wörtern leicht verständlich
▶ 19 bis 25 Wörtern verständlich
▶ 26 bis 30 Wörtern schwer verständlich
▶ ab 31 Wörtern sehr schwer verständlich

Was muss im Schlussteil stehen?

Das Ende krönt das Werk.
Ovid

Sie haben Ihren Text verfasst, überarbeitet, ihn leserfreundlich gemacht. Nun wollen Sie Schluss und Einleitung schreiben. Auch hier können Sie die unterschiedlichen Phasen der Textproduktion anwenden. Planen Sie genügend Zeit für diese beiden Teile ein. Denn Sie beginnen ja auch, wenn Sie ein Fachbuch lesen, mit Einleitung und Schluss. Daran erkennen Sie, ob der Text für Sie interessant ist – oder nicht. Vermutlich wird Ihr Leser ähnlich vorgehen. Darum müssen Schluss und Einleitung besonders sorgfältig geschrieben werden. Was ist dabei zu beachten?

- Der Schluss fasst Ihre Ergebnisse zusammen. Er ist keine Zusammenfassung Ihrer Arbeit.
- Er hebt die aussagekräftigsten Teile Ihrer Arbeit hervor.
- Der Schluss muss so kurz wie möglich und trotzdem vollständig sein.
- Er muss sich auf die Einleitung beziehen.

TIPP

Was kann im Schlussteil stehen?

- ein Rückblick auf Ihre Ausgangsfrage oder Ihr zu Beginn formuliertes Arbeitsziel
- ein Verweis auf Ihre Arbeitsmethoden
- eine Zusammenfassung oder Interpretation der in der Arbeit vorgelegten Ergebnisse
- eine aus der Arbeit entwickelte These (Fazit, Resümée). Der Schluss kann z. B. folgende Fragen beantworten: *Was habe ich bei der Auseinandersetzung mit dem Thema erfahren und gelernt? Was war interessant, womit bin ich nicht einverstanden?*
- ein Ausblick und/oder Fragen, die offen geblieben sind oder auch weiterführende Fragen, die Ihnen interessant erscheinen und Gegenstand einer neuen Studie sein könnten

---

Was muss in der Einleitung stehen?

*Schreib den ersten Satz so, dass der Leser
unbedingt auch den zweiten lesen will.*
William Faulkner

Die Einleitung wird Ihren Leser animieren, den Text weiter zu lesen (oder lieber etwas anderes zu tun). Der erste Eindruck, den Sie von Ihrer Arbeit geben, ist wichtig. Erst wenn Ihr Text fertig und der Schluss verfasst ist, wissen Sie wirklich, was Ihre Arbeit enthält. Erst dann können Sie diese einleiten, d.h., sie vorstellen. Erinnern Sie sich: Sie haben die einleitenden Gedanken in Ihrem geschrieben Exposé (siehe S. 80). Nehmen Sie es wieder zur Hand und verwenden Sie es als Grundlage – vorausgesetzt, dass sich Ihr Text daran gehalten hat.

   Was macht eine gute Einleitung aus? Der erste Satz sollte den Leser fesseln, ihn auf den zweiten neugierig machen. Nehmen Sie sich Zeit dafür. Sammeln Sie schon zu Beginn Ihrer Arbeit Skizzen von „ersten Sätzen", die Ihnen während der Arbeit vielleicht einfallen werden – z.B. in Ihrem Arbeitsjournal. Wie kann die Einleitung beginnen?

▶ mit dem Aufgreifen aktueller Ereignisse oder Diskussionen
▶ mit einem Zitat, oder mit einer paradoxen Formulierung, die Fragen provoziert
▶ mit der Feststellung von etwas, das Sie überrascht und Sie zu dieser Arbeit angeregt hat
▶ mit der Einordnung des Themas der Arbeit in einen größeren Kontext
▶ mit der Beschreibung einer persönlichen Erfahrung bzw. der eigenen Beziehung zum Thema

Beobachten Sie das Verfahren verschiedener Autoren, deren Einleitungen Ihnen besonders gelungen scheinen – vielleicht notieren Sie solche Beispiele in einer speziell dafür eingerichteten Rubrik Ihres Arbeitsjournals!

PRAXIS

Was soll in der Einleitung stehen?

▶ ein Einstieg, der das Interesse des Lesers weckt
▶ die Zielsetzung der Arbeit (deutlich und ausdrücklich)
▶ eine Beschreibung und Begründung der Themeneingrenzung
▶ die Fragen, die Sie behandeln wollen bzw. die Hypothese(n) oder These(n) (ausdrücklich)
▶ eventuell die Methode(n), die Sie anwenden (z. B. im Falle einer empirischen Arbeit)
▶ Ihre Fragestellung
▶ die Erläuterung der Vorgehensweise, aus der sich Ihre Gliederung ergibt

Sie *kann* auch folgendes beinhalten:
▶ Ihr persönliche Motivation bzw. die persönliche Beziehung zur Arbeit
▶ den (institutionellen) Kontext der Arbeit (z. B. im Rahmen eines größeren Forschungsprojektes)
▶ die Hauptquellen, auf die Sie sich stützen wollen

Schlusswort

Um den Schlussstrich zu ziehen – muss man aufhören können. Es ist nicht immer einfach: Je mehr man liest, desto stärker wird das Gefühl des Nichtwissens und das Bedürfnis, neue Werke zu sichten. Darum lohnt es sich, regelmäßig Bilanz zu ziehen, um den eigenen Wissenstand zu überprüfen. Aber es ist auch notwendig, mit dem Lesen aufhören zu können und Wissenslücken hinzunehmen: Keine Kenntnis ist vollkommen, und jede kann verbessert werden.

Ähnlich geht es beim Schreiben: Neue Gedanken kommen uns, und wir würden ihnen gerne nachgehen. Neue Fragen stellen sich, die wir gern untersuchen möchten. Jedoch nicht die Seitenanzahl macht die Qualität einer Arbeit aus, sondern ihre Strukturiertheit, ihre Klarheit und die Stichhaltigkeit der Argumentation. Deswegen lohnt es sich eher, *eine* Frage konzentriert zu behandeln, als viele nur anzureißen. Das bedeutet, dass Sie Entscheidungen treffen und auf liebgewordene und brillante Einfälle verzichten müssen, auch wenn es schmerzhaft ist.

Sich nach einer Anzahl von Arbeitsstunden von seinem Text zu trennen, ihn dem Leser auszuliefern, stellt oft die letzte große Hürde einer wissenschaftlichen Arbeit dar. Der Prozess des Schreibens ist begleitet von Momenten der Verzweiflung, der Müdigkeit aber auch von Glück und Euphorie. Man investiert viel von sich selbst und verwächst mit dem Projekt. Man will, dass es so gut wie möglich wird, wenn nicht sogar perfekt.

Ein Text ist aber selten vollkommen. Immer wieder finden sich Stellen, die verbessert werden könnten. Doch zu vieles Nachbessern, Korrigieren und Umschreiben kann den Text auch beschädigen. Es ist also äußerst wichtig, dass man Schritt für Schritt vorgeht, dass man der Reihe nach verfährt. Und dass man weiß, wann man aufhören muss.

In der Hoffnung, dass dieses Buch Ihnen die Abfassung Ihrer Arbeit erleichtern wird, wünsche ich Ihnen guten Mut und viel Erfolg beim Schreiben!

Bibliographie

ANDRIEU, Olivier, *Trouver l'info sur le web*, Paris, Eyrolles, 2001.

ANTOS, Gerd, *Grundlagen einer Theorie des Formulierens. Textherstellung in gesprochener und geschriebener Sprache*, Tübingen, Niemeyer, 1982.

BÉAUD, Michel, *L'art de la thèse*, Paris, La Découverte, 1996.

BUZAN, Tony & BUZAN, Barry: *Das Mind-Map-Buch – Die beste Methode zur Steigerung Ihres geistigen Potenzials*; München, MVG, 2005.

BECKER, Howard S, *Die Kunst des professionellen Schreibens. Ein Leitfaden für die Geistes- und Sozialwissenschaften*, Frankfurt /Main, Campus, 2000.

BIRKENHBIHL, Vera F., *Stroh im Kopf?*, München, MVG, 2005.

CASSANY, Daniel, *La cocina de la escritura*, Barcelona, Anagrama, 1995.

CASSANY, Daniel, *Tras las líneas. Sobre la lectura contemporánea*, Barcelona, Anagrama, 2006.

ECO, Umberto, *Wie man eine wissenschaftliche Abschlußarbeit schreibt: Doktor-, Diplom- und Magisterarbeiten in den Geistes- und Sozialwissenschaften*, Heidelberg, Müller, 2005.

ESSELBORN-KRUMBIEGEL, Helga, *Von der Idee zum Text*, Padeborn, Ferdinand Schöningh, 2004.

GÉVART, Pierre, *Le guide de la lecture rapide. Lire vite pour apprendre mieux*, Paris, l'Etudiant, 2005.

GICQUEL, Bernard, *L'explication de textes et la dissertation*, Paris, Presses Universitaires de France, 1979.

KRUSE, Otto, *Keine Angst vorm leeren Blatt. Ohne Schreibblockaden durchs Studium.* Frankfurt/Main, Campus, 2005.

LEITNER, Sebastian, *So lernt man lernen. Der Weg zum Erfolg*, Freiburg, Herder, 2006.

LEKI, Ilona, *Academic Writing. Exploring Processes and Strategies*, Cambrige, Cambrige University Press, 1995.

MAYER, Jeffrey J., *Success is a Journey; 10 Steps to Achieving Success in Business & Life*, Columnbus, McGraw-Hill Book Company, 1999.

OSTERMEIER-SITKOWSKI, Uschi, OBERMEIER-SITKOWSKI, Uschi, *Augentraining, Besser sehen mit und ohne Brille*, München, Droemer/Knaur, 2006.

Rico, Gabriele L, *Garantiert schreiben lernen. Sprachliche Kreativität methodisch entwickeln – ein Intensivkurs auf der Grundlage der modernen Gehirnforschung*, Reinbek bei Hamburg, Rowohlt, 1984.

SEITWERT, Lothar J., *Wenn du es eilig hast, geh langsam. Das neue Zeitmanagement in einer beschleunigten Welt*, Frankfurt/Main, Campus, 1999.

RUHMANN, Gabriela, *Schreibblockaden und wie man sie überwindet*. In: BÜNTING, Karl-Dieter/ BITTERLICH, Axel/ POSPIECH, Ulrike, *Schreiben im Studium. Ein Trainingsprogramm*. Berlin, Cornelsen Scriptor, 1996, S. 108-119.

Robinson William S, Tucker Stephanie, *Texts And Contexts: A Contemporary Approach To College Writing*, Belmont, Ca, 2005.

Savoyat, Bruno, *Les secrets de l'efficacité. En faire plus… en moins de temps*, Paris, Maxima, 2003.

Sorenson, Sharon, *Webster's New World Student Writing Handbook*, New York, 2000.

Theisen, Manuel R., *Wissenschaftliches Arbeiten*, München, Vahlen, 2005.

Tozzi, Michel, *Penser par soi-même*, Lyon, Chronique sociale, 2002.

Werder, Lutz v., *Lehrbuch des wissenschaftlichen Schreibens.* Berlin, Schibri, 1992.

Werder, Lutz v., *Kreatives Schreiben von Diplom- und Doktorarbeiten*, Berlin, Schibri, 1992.

Zinsser, William, *On writing well, an Informal Guide to Writing Nonfiction*, New York, Harper Collins, 1990.